榛村純一の
掛川市政28年

municipal administration for 28years

中山礼行

榛村純一の掛川市政28年

はじめに

　東海道新幹線掛川駅は20世紀末の1988年3月13日に開業した。その中心には榛村純一という元掛川市長の存在があった。榛村純一は1977年の静岡県掛川市長選に43歳の若さで当選し、生涯学習運動によるまちづくりを提唱した。
　静岡県政の谷間とやゆされた地方小都市掛川に新幹線掛川駅設置をはじめ、立ち遅れていた基盤整備を進め、全国的にも価値ある掛川市を創生した。
　榛村市長は「生涯学習は実現したのか、量る物差しがないから評価が難しい」と、口ぐせのように著者にもらしていた。そこで、榛村市政28年の評価を試みた。
　そこでわかったことは、榛村純一はリーダーシップを超えた、多くの人を心酔させる資質と能力を持った、まれにみるカリスマ市長だったことである。そして榛村のカリスマ的魅力のもと、政治をコントロールできる多くの人脈が集まり、陰になり日なたになって応援団となってくれたことである。それは、榛村市政28年間という長期政権を支えた。
　生涯学習での成果は、市民を巻き込み、幸せとは何か、生きがいとは何かを、現場で問いかけ合いながら、まちづくりに参加させ、住民主体のまちづくりの主役に担いだことである。その市民運動が掛川市発展という大きな成果に繋がった。現場主義者らしい榛村市長の真骨頂であった。

榛村純一元市長のまちへの思いとは、市民にまちづくりへの自信と誇りをもたせ、郷土愛をもたせようとしたことに相違ない。そして市民もまた、榛村市長の先見性と創造性に期待し信頼し、最強の応援団になったことであった。

　なかでも、新幹線掛川駅設置運動のインパクトは大きかった。夢のような駅を実現するため、夢のような募金30億円を達成したことである。なんといっても掛川市のまちづくり原点は、新幹線掛川駅の実現に他ならない。

　最後に、取り柄のない、ありふれた「まち」でも、一人の人間の登場により、「まち」は立派な「まち」に様変わりできる。榛村純一という人間像を追って分かったことである。

――― 発刊に寄せて

＊生涯学習とは

榛 村 航 一
掛川森林組合代表理事組合長
掛川市議会議員

　この度は「榛村純一の掛川市政28年間」の出版、おめでとうございます。出版に際しあいさつ文を書いて欲しい、と中山さんより依頼された時、榛村純一の息子である私が、何を書いていいのか、書くべきなのか、悩みました。ですから中山さんからの依頼をいただき光栄に思うのと同時にとても複雑な心境になったというのが正直な気持ちです。

　私の父は、新幹線掛川駅、東名インター、オレゴン生涯学習村、掛川城木造本格復元、二の丸美術館、さんりーな（体育館）、エコポリス（企業誘致）などハードの整備事業を有言実行で成し遂げました。とかく功績だけに目がいきがちですが、それらの事業をすべて達成し得たのは「生涯学習のまちづくり・人づくり」の哲学・理念があったからこそだと思います。

　父が提唱していた生涯学習は、生涯にわたって教育と就労を交互に行うことを勧めるリカレント教育ではなく、市民一人ひとりがいい人

生を送ること、いい人間関係を築くこと、いい人生舞台・いい生活基盤をつくること、そしていい後継者を育て、いい未来を送ること、最終的には、「いい」とはどういうことかを考え続けていくことでした。

　急ぐ学校教育から急がない生涯学習にシフトし、それを実践し、都会に出て自分の人生をよくするのでなく、生まれ故郷にいながら、わがまちをよくしていくことによって、自分の人生をよくするというまちづくりこそが「生涯学習のまちづくり・人づくり」の真髄です。

　中山さんの研究に私は改めてその真髄を教えられ、感謝の気持ちでいっぱいです。28年間、献身的に影となり日なたとなり父親の市政運営を支えて下さった中山さんにしか書くことのできない研究結果だと思います。この研究結果がより多くの方々に読まれることにより、今日のいき過ぎた市場経済主義に起因した少子高齢化・経済格差・子どもの貧困・過疎化などさまざまな社会問題の解決へのアプローチとなることを期待しております。

＊生涯学習と創造的な地域愛の記録

藤 井 史 朗
放送大学静岡学習センター所長
静岡大学名誉教授

　放送大学静岡学習センター浜松サテライトの学生である中山礼行氏の卒業研究がこの度出版されることになったことを心より喜びたい。本書は圧倒的な構想力・行動力で、掛川市の生涯学習運動と住民参加による新幹線掛川駅の開設、そして新掛川市への市町村合併を推し進

めてきた元掛川市長榛村純一氏の活動記録であり、評価の試みである。そして本書では、榛村市長と28年間を共にし、これらの活動を共に中心的に担ってきた著者ならではの、現場資料を駆使した臨場感あふれる分析・描写、そして評価が果たされている。

　しかし本書の最大の特徴は、榛村掛川市政をめぐる諸論点の吟味に、実証性・客観性が貫かれていることである。行財政資料の駆使、榛村氏を含め26名の関係者・市民へのインタビューなどを通し、「榛村氏の生涯学習は住民主体か教化か」、「新幹線掛川駅はなぜ実現したか」、「25億円の募金はなぜ実現したか」、「掛川市の借金は異例だったのか」、「他市町村との関係はいかなるものだったのか」、等々の諸論点が客観的に吟味されている。この背景には、指導教員の西原純放送大学静岡学習センター客員教授の「論理実証主義」によるご指導を見ることができる。

　やや我田引水になって恐縮だが、放送大学もまた、生涯学習とともに、地域貢献人材の育成を教育理念に挙げている。中山礼行氏が、自身の行政マンとしての経験を踏まえ、その上に放送大学での学びを通して、このような研究書をまとめられたことは、正に「生涯学習」理念を最高に実現していただいたことであると感謝している。

　榛村純一氏は、2018年3月、新幹線掛川駅30周年記念に向けたレジュメを作成後、記念式典への参加も果たせず、また本書の完成を見ることもなく、ご逝去されたという。故人こそ本書の完成を最も喜んでおられることと思われる。心よりご冥福をお祈りしたい。

＊榛村市長とともにあった行政マンの卒業研究

西原　純
放送大学静岡学習センター客員教員
静岡大学名誉教授

　放送大学客員教員として初めて卒業研究指導を担当した学生がこの本の著者中山礼行さんである。私は1980年4月から2017年3月まで37年間、長崎大学と静岡大学で専任教員を務め、200名近い卒研生を指導してきた。平成の大合併後の新掛川市で初代総務部長を務めた経歴をもつ中山さんは、これまでの卒研生とは異なった資質をもっていた。

　すなわち学生であると同時に、中山さんはたいへん優秀な行政マンであった。自治体行政に精通し、私が出す課題を素早く、レベル高く仕上げてくる。何よりも卒業研究として、掛川市のために生涯をささげた榛村純一市長の28年間の業績を評価したいとの熱意にあふれていた。

　榛村市長の下で若い時から仕事をしていた中山さんが、榛村市長に対して客観的な立場を果たしてとることができるか。また客観的な立場で評価を行っても、それが高評価だった時、読者は果たして中山さんの論考を客観的な評価として受け取ることができるか。私はこの2点を危惧したのである。そのため榛村市長の業績を徹底的な批判的見地から評価するように、私は口を酸っぱくしてアドバイスした。もし本書で榛村市長の行政が高評価になっていたとしても、研究の姿勢は批判的検討であったことを読者には思い出していただきたい。

先日の朝日新聞の静岡県版「遠州考」にて榛村市長が取り上げられた。その記事によると、中山さんの卒業研究のトピックでもある「新幹線駅誘致」について、市幹部が「あきらめましょう」と進言した時に、榛村市長は「君らは地平線を見ているが、僕は北極星に向かって頑張っている」と話したという。(朝日新聞2018年10月19日朝刊静岡)。中山さんのように、こんな上司と一緒に仕事をしてみたかったと、私は強く思うのである。

　この本の読者には、掛川市には渾身の力で市民を引っぱっていた市長がいたことを記憶に留めていただきたいのである。

もくじ

1. 序論 ——————————————————————————— 13
   1) 問題の所在　13
   2) 先行研究　14
   3) 研究の目的　19
   4) 著者の経歴　20
2. 研究の枠組み・研究方法・使用した資料 ———————— 23
   1) 研究の枠組み・研究方法　24
   2) 使用した資料　25
3. 掛川市の地域特性 ———————————————————— 27
   1) 掛川市の概要および掛川市の位置づけ　27
      ①掛川市の歴史　27
      ②位置と地形　28
      ③現況　29
   2) 掛川市と周辺地域　33
      ①東遠広域行政圏　33
      ②小笠掛川振興協議会　36
      ③通勤・通学圏　37
      ④掛川商圏　42
4. 榛村市政28年間の行財政資料分析 ————————————— 44
   1) 掛川市政28年間　44
   2) 掛川市の行財政　51
5. 榛村純一のひととなりと三大施策 ————————————— 63
   1) 経歴　63
   2) 夢の始まりと三大施策へ　68
   3) 新幹線駅の設立、モデル定住圏、生涯学習都市　75
   4) 生涯学習運動と新幹線掛川駅　85
   5) 榛村市政を支えた重要人物たち　89
6. 新幹線掛川駅の設置運動とその帰趨 ————————————— 92
   1) 掛川市の新しい展開　93
   2) 東海道新幹線と掛川駅の可能性　94
      ①新幹線掛川駅の概要　96

②新駅開業の経緯　　103
　　3）新幹線掛川駅設置計画に対する周辺市町村の思惑　　107
　　4）新幹線駅の市民運動と募金運動　　113
　　5）掛川駅の美学、掛川駅八景（掛川駅独自の駅をつくりたい）　　123
　　6）新幹線6駅時代　　128

7. 榛村市政への評価と新幹線駅の波及効果 ―――――― 132
　1）榛村市長のまちづくりについて　　135
　　①最大の効果は何か？　　135
　　②市民に何をもたらしたか？　　139
　　③残った借金についてどう思うか？　　144
　　④生涯学習まちづくりは、今でも市民に浸透しているか？　　148
　　⑤住民主体のまちづくりか、市長自らの押しつけか？　　150
　2）新幹線掛川駅の波及効果　　155
　　①掛川駅は実現すると思ったか？　　155
　　②25億円募金は達成できると思ったか？　　158
　　③新幹線掛川駅はなぜできたか？　　160
　3）募金運動の光と影　　162
　4）市民5名へのアンケートのまとめ　　164
　5）2005（平成17）年4月23日　新掛川市長選挙結果　　166
　　①合併時の市長選挙の敗戦理由は？　　166
　　②榛村市長は、当選したら何をしようと思ったか？　　171

8. まとめ ―――――――――――――――――――――― 173
　1）榛村市長のインタビュー結果　　173
　2）「榛村」の「まち」に懸ける思いと、市民の郷土愛とは　　180
　3）住民主体のまちづくりと生涯学習まちづくり　　182
　4）掛川のまちづくりの原点とは　　184
　5）おわりに　　190

　　　　　　　用語解説・注　　192
　　　　　　　あとがき　　202

1. 序論

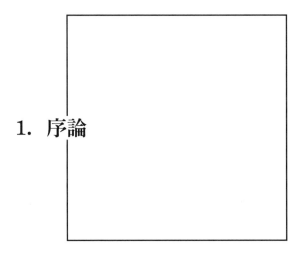

1）問題の所在

　東海道新幹線掛川駅が 1988（昭和 63）年 3 月 13 日に開業した。新幹線掛川駅設置は、市民のだれもが夢だと思っていた。それが現実になった瞬間であった。

　日本のどこにもある人口 6 万の地方小都市掛川に「こだま」が停車したのである。新幹線掛川駅設置を目指した市民運動中に一世帯 10 万円の募金が毎日のように寄付されていった。著者を含めて市民はこのまちに何を求めようとしたのか。

　当時の掛川市の緊急課題は何だったのか。榛村純一市長の提案した三大施策との関係性はあるのか、ないのか。だれが新幹線駅設置はできると思ったのか、思わなかったのか、それとも半信半疑だったのか。榛村長期政権はなぜできたのか。カリスマ市長だからか。市民の榛村市政に対する信頼か。その評価はどうか。

　新幹線募金はなぜ目標達成できたのか。新幹線駅設置から 30 年経

過したが、生涯学習まちづくりは市民にどう評価されているのか。新幹線駅設置運動と市民の地域愛、郷土愛はどう説明できるのか。

榛村は1977（昭和52）年9月に掛川市長となった。同年、榛村は新幹線掛川駅設置構想と生涯学習運動と定住構想の三大施策を提案した。そして、すぐさま1979年4月、「生涯学習都市宣言」を全国に先駆けて提唱した。新幹線掛川駅構想は幾多の関係機関への陳情・要望により1984年10月に駅設置の決定が国鉄より示された。その条件は工事費118億円の全額を請願市である掛川市が負担することであった。

そこから弱体小都市の期待と不安と苦悩が続いた。しかし、榛村が提唱した生涯学習運動は、まちづくり運動を進め、そして市民の郷土愛を育み、結果として新幹線掛川駅が誕生したと考えられる。結局、榛村市政は掛川市民に何をもたらしたのか。生涯学習運動は、まちづくり運動としてどう市民に理解されたのか、理解されなかったかを本論文の研究課題とする。

2）先行研究

著者は、上述のとおり、榛村による掛川市の市政、新幹線掛川駅設置運動を評価しようとしている。そのため上記の研究課題に関わる先行研究を①カリスマ性（リーダーシップ性）②首長の政治評価法③生涯学習に関する3分野に分けて、整理・議論する。

まず、①榛村市長が発揮していたカリスマ性（リーダーシップ性）について述べる。斉藤（2002）は、「首長のカリスマ性、リーダーシップ性とは何か」[1]について、「ハウザーのカリスマ論」[2]からリーダーシップのカリスマ性（3項目）を指摘している。斉藤（2002）は、カリスマ性を「状況心理・パーソナリティ（個性）・行動様式の組み合わせから考察し、市民が危機感を持ったとき、突如カリスマは

登場するが、永遠に続くとは限らない。時代と共に消滅すると述べている。このカリスマ性についての議論を、榛村について議論すべき点として重ねてみると、榛村純一にカリスマ性はあったのか、あったとしたら何がカリスマ性をもたらしたのか、榛村のカリスマ性の共通項目として危機感、自意識と強力な説得力と価値観、ビジョンの伝達、高い想像力が榛村に備わっていたかが本論文での議論の焦点であるといえる。

次に、自治体の首長の政治評価論について研究を検討する。まず木田（2016）の「都市レジーム論」を取り上げる。ところでレジームとは、Stone（1989）によれば、「政府の権威のフォーマルな働きを取り囲み、それを補うようにインフォーマルな枠組みのことである（中澤2005による紹介）。そして木田（2016）は、都市レジーム論とは、それは①統治連合を構成するアクター（人物・関係者）の存在の必要性②そして統治を束ねる集合的な目標の必要性③諸アクターを結合するインフォーマルな制度的枠組みの存在④体制の持続的統治能力の必要性の4点についての議論であると述べている。木田は、都市レジーム論から首長の政治評価・人気はどこで決まるのか、河村たかし名古屋市政の統治構造の変動から、都市はいかに再編されていくのかを分析している。そして都市の意思決定を生み出すインフォーマルな統治構造が都市の都市レジーム体制をつくるとともに、時に政治は一般大衆の利益や権利、願望、不安や恐れを利用して既存の政治を打破することがある（ポピュリズム）ことを指摘している。

この点を、榛村市政に重ね合わせてみると、長期にわたる榛村市政にはインフォーマルなレジーム体制はあったのか、あったとしたらいかなる統治構造だったのかが検証の対象となる。

また、内藤（1999）は、『都知事とは何か――青島・鈴木・美濃部に見る都知事の器量』で、歴代の知事について、やや学問的な用語ではないが「器量」という用語を用いて議論している。内藤によると、

都庁の幹部が口をそろえていう指摘は、「どんなに優れた役人でも、役人は役人の限界がある。都民の期待に応えるためやっぱり知事さんに『ブレーン』を持っていただくしかない。持つべきだと思う」とのことである。内藤は、「知事一人がキリキリ舞をしてもたかが知れている。知事周辺にどれだけのアドバイザーがいるか。それこそが知事の問われる力量の大小である」と力説し、アドバイザーの重要性を指摘している。

榛村は、28年間の任期の中で、何人かの重要なアドバイザーを得ていた。そしてアドバイザーが榛村市政にどのような役割を果たしたのか、特に新幹線掛川駅設置に関係する諸アクター（人物・関係者）の役割を評価することも研究課題となろう。ここでは、榛村市政28年間を中心に解明していく。

ところでアクター（社会的行為者）とは、現象を産みだしていく人との関わり（対立やすれ違い、無視といった断絶的な関係を含む）に着目し、地域の内外で社会的に位置づけられ、さまざまな事柄をつうじて関連づけられる個人や集団を指す用語である。（『文化人類学辞典』：p620）。

最後に、学習都市宣言の分野の先行研究として、榛村が、わが国の自治体として最初に行った生涯学習都市宣言についての新田・望月（1986）の論考を取り上げる。

新田・望月は、「掛川市における生涯教育政策」で、生涯教育と地域づくりの発想について掛川市の生涯学習を事例として、特に運動は行政主体か、住民主体だったのかを中心に議論している。掛川市の学習は国の「第三次全国総合開発計画（三全総）」下で市長の強力なリーダーシップで始まり、住民の学習課題が先取りされ行政課題に吸収・組織化されたという。掛川市の抱える課題は掛川市の新幹線新駅に伴う寄付の問題に示されたように、住民の意見対立をいかに克服していくのかが生涯学習の中心課題であったように理解されている。社

会教育、学校教育の基本的役割・独自性がどう保証され、確立されていったのか、が問われるべきであるとしている。

また、赤尾（2016）は、ユネスコの目指す生涯学習都市とは何かという点について、欧米の学習都市と日本の学習都市との相違点を挙げている。その結果、両者の学習都市の相違点はOECD（経済協力開発機構）とユネスコにおける学習都市の考え方には相違点があり、それを反映していると指摘している。欧米都市の学習都市はOECDのリカレント教育（学び直し教育）を、日本の学習都市はユネスコの生涯教育を基礎にしている。すなわち、OECDでは社会労働政策と教育政策との相互乗り入れという、いわば総合的な社会政策を、ユネスコでは、学校教育だけでなく、成人教育や職業教育を含めた相対的な一生にわたる教育を重視している。そして、赤尾は、榛村が進めた社会教育事業（生涯学習運動）が行政課題に向けての「社会教化」にならないか危ぐしている。

さらに、鬼島（2010）は、学習まちづくりの効用とは何か、限界とは何かを説いている。この論文では、1992年の生涯学習審議会答申から、生涯学習理念の普及や生涯学習社会の実現なども現代的課題であること、生涯学習の意義から見れば生涯学習は「手段」であり「目的」ではないことを受けて、「生涯学習のための」まちづくりから、「生涯学習による」まちづくりへの意識の転換が必要と指摘している。

これらの生涯学習の先行研究を基礎にすると、榛村市長の下での掛川市生涯学習において、社会教育、学校教育の基本的役割・独自性がどう保証され、確立されていったのか、誰がリーダーシップを取ったのか、押し付けがましい「社会教化」になっていないのか、「生涯学習のための」まちづくりなのか、「生涯学習による」まちづくりなのか、などの論点が本論文の研究課題である。

1. 序論

◇参考文献
《論文》
赤尾勝己（2016）：ユネスコにおける「学習都市・地域」構想の展開に関する一考察――国際会議の内容を手がかりに―、教育科学セミナリー、47、1-17

井上豊久（1995）：生涯学習のまちづくりにおける課題と展望、福岡教育大学紀要（第4分冊）教育科編、44、9-25

鬼島康宏（2010）：まちづくりの諸相と行政計画＝生涯学習まちづくりの効用と限界、生涯学習研究：聖徳大学生涯学習研究所紀要（聖徳大学生涯学習研究所）、8、1-5
（URL:Http://hdl.handle.net/10112/10002）

木田勇輔（2012）：現代大都市における改革派首長の支持構造――名古屋市における有権者の分析――、日本都市社会学会年報、30、59-75

木田勇輔（2014）：現代大都市における『地域代表』の再審――名古屋市におけるポピュリズムと自治体内分権の動向を事例として――、日本都市社会学会年報、26、105-119

木田勇輔（2016）：都市レジームはいかに再編されつつあるか？――1980年代以降の名古屋市政を事例に――、日本都市社会学会年報、34、106-123

斉藤弘行（2002）：リーダーシップのカリスマ性、『経営論集（2002）、55』19-32

新田照夫・望月彰（1986）：掛川市における生涯教育政策、日本の社会教育、30、90-101

《書籍》
赤尾勝己編（1998）『生涯学習の社会学』玉川大学出版部、239ps.

大西珠枝・榛村純一（1996）『まちづくりと生涯学習の交差点――掛

川市教育長の2年9ヶ月——』株式会社ぎょうせい、308ps.
岡並木編（1992）『駅再発見の旅』NTT出版株式会社、229ps.
坂本光司編（1994）『静岡県74市町村の経済成長力』静岡政経研究会監修、252ps.
静岡県掛川市（1998）『新幹線掛川駅開業10周年記念誌　SHIZUOKA掛川駅』、掛川市、10ps.
静岡県掛川市企画調整課（2008）『新幹線掛川駅開業20周年記念誌　開業へ懸けた思い、そして明日』掛川市企画調整課、26ps.
榛村純一編（1982）『いま、なぜ生涯学習か』清文社、212ps.
榛村純一編（1985）『生涯学習都市って何やってんの』清文社、359ps.
榛村純一編（1998）『まちづくりの極意』清文社、283ps.
榛村純一編（2007）『生涯学習まちづくりは村格・都市格へ』清文社、325ps.
高寄昇三編（2000）『地方自治の政策経営——政策と経営のバランスシート』、学陽書房、227ps.
東海道新幹線掛川駅建設記念誌編集委員会編（1989）『東海道新幹線掛川駅建設記念誌（夢から現実への諸力学）』東海道新幹線掛川駅設置推進市民会議（掛川市役所内）、219ps.
内藤國男編（1999）:『都知事とは何か』、草思社、246ps.
日本文化人類学会編著（2009）『文化人類学事典』丸善株式会社、
福留強編、協力・全国まちづくり研究会（1991）『まちを創るリーダーたち』教育新聞社、249ps.

3）研究の目的

　これらの先行研究の方法論・課題を踏まえて、次のように研究目的を定めた。

- 榛村市政 28 年間の長期政権はなぜ続いたのか。それは榛村純一がリーダーシップ性の強いカリスマ市長だったからか。そのほかに榛村市長をとりまく、インフォーマルなアクターの存在があったのではないかを議論していく。
- 新幹線掛川駅設置運動は生涯学習運動とともに進められ、30 億円という市民募金が達成され、新幹線掛川駅が実現した。それは榛村純一が社会教化という押しつけの生涯学習から始まったのか、それとも住民主体のまちづくりだったのかを分析する。
- 榛村のまちに対する夢は何だったのだろうか。その夢は果たせたのか。市民の夢や郷土愛はなぜ生まれたのか。新幹線掛川駅は、どう「生涯学習まちづくり」の原点になったのか、ならなかったのか。そして、榛村の懸念していた生涯学習社会は実現したのだろうかを解明する。

後述するが、この研究目的を達成するために、新幹線掛川駅設置に関係した人々のインタビュー、質問紙調査や、各種の行政資料、議会議事録、新聞記事、文献、雑誌等のドキュメント分析を行った。これらを通して評価の試みをしていくとともに榛村市政を解明していくことにする。

4）著者の経歴

著者は、1967（昭和42）年 4 月 1 日に掛川市に奉職した。市長公室財政係が最初のポストであった。ちょうどこの日は掛川市歌と、市民行進歌が制定された記念日でもあった。当時の掛川市は財政再建促進法の適用を受ける自主再建団体となっていた（1970 年適用除外）。その後、著者は 1984（昭和59）年 10 月の東海道新幹線掛川駅設置決定の翌月（11 月）の急な人事異動により新駅設置のスタッフ（新駅対策室）の一員となった。

新駅設置後は東海道新幹線掛川駅建設記念誌の担当となり一年後の1989（平成元）年3月、新駅スタッフの役目を終えた。
　上記のように、著者は、榛村市長と共に新幹線掛川駅の開業を行政マンとして見届けた一人である。その後2005（平成17）年の大須賀町・大東町との合併直前まで市長の側近として行動を共にした。この間、総合計画策定、県立小笠山総合運動公園およびアクセス道路建設、新東名建設、都市計画マスタープラン策定など新規プロジェクトに携わることができた。このような掛川市における各種の大規模企画に参画できた著者のキャリアは、全て榛村氏のおかげであると思っている。
　2005年4月1日に新設合併により新掛川市が誕生した。しかし直後の市長選で榛村氏は敗れ政界を引退する。しかし、著者は、戸塚進也新市長の下で、理事兼総務部長兼掛川市・袋井市新病院建設協議会事務局長を拝命する。その後2009年の市長選挙で、戸塚市長は松井三郎氏に敗れ、一期4年で市政を去る。著者も2010年3月任期を終了し、43年間の公務員生活に終止符をうつ。
　このように著者は、榛村市長の下で掛川市政、その中でも特に新幹線掛川駅設置運動に関わった。榛村市政28年間の内実を知っており評価者として最もふさわしい者といえるが、客観的な姿勢をどこまで維持できるかという点で最もふさわしくない者ともいえよう。
　このような著者が、榛村市政28年間の評価を試みようとしたきっかけは、榛村市長本人が、「私の生涯学習運動のまちづくりは生涯学習社会の実現につながったのか」と常々自問自答していたことを知っているからである。また、榛村市長は「生涯学習の実現を量る尺度がない。図書館の蔵書数で決めるものでもないし、公民館の数でもない」とも述べていた。側近だった者としてそれに答えてみたいとも考えた。
　また、前述のように榛村市政に携わった職員インタビュー調査を実

施したが、その調査からみえた生々しい現実は、今でも榛村市政を陰になり日なたになり支えた彼らの悲喜こもごもの声としてひしひしと伝わってきた。こうして得られたことを榛村市政の評価を改めて試み、できるだけ客観的姿勢で後世に残すことが著者の使命であると共に意義あることだと思ったからである。

　微力ながら榛村市政を支えた一人として、そして生き証人として榛村の28年間の足跡を振り返ってみたい。

2. 研究の枠組み・研究方法・使用した資料

　掛川市長榛村体制は1977年から2005年までの約28年間にわたり、初期の積極的開発姿勢の時期と、バブル経済崩壊、行政改革・平成の大合併準備と変動する時期を乗り越えて、共産党を除く堅固なオール与党体制下で進められてきた。榛村の掛川市政への登場は、浜松市と静岡市の中間にあり、明治時代後半から続く人口減に疲弊する一地方小都市のマイナス条件を逆手にとってプラス条件に転換する乾坤一擲の政策による政治をもたらした、とまず指摘しておく。今後、この見解を検証することとする。

　後述するように、市長就任直後に榛村は、生涯学習運動を進めながら新幹線掛川駅を設置することを公約する。その新幹線駅設置の実現までの過程を、都市の意思決定を生み出すインフォーマルな統治構造としての木田（2016）による都市レジーム論を用いて評価していく。

1) 研究の枠組み・研究方法

前述の研究目的を達成するために、本論文を、
1. 序論
2. 研究の枠組み・研究方法・使用した資料
3. 掛川市の地域特性
4. 榛村市政28年間の行財政資料分析
5. 榛村純一のひととなりと三大施策
6. 新幹線掛川駅の設置運動とその帰趨
7. 榛村市政への評価と新幹線駅の波及効果
8. まとめ

という8つの章からなる構成とした。

研究方法としては、「掛川市の地域特性」と「榛村市政28年間の行財政資料分析」、「榛村純一のひととなりと三大施策」については資料調査を中心とした方法、「新幹線掛川駅の設置運動とその帰趨」では新幹線掛川駅に設置に関するアクターおよび市民等のドキュメント調

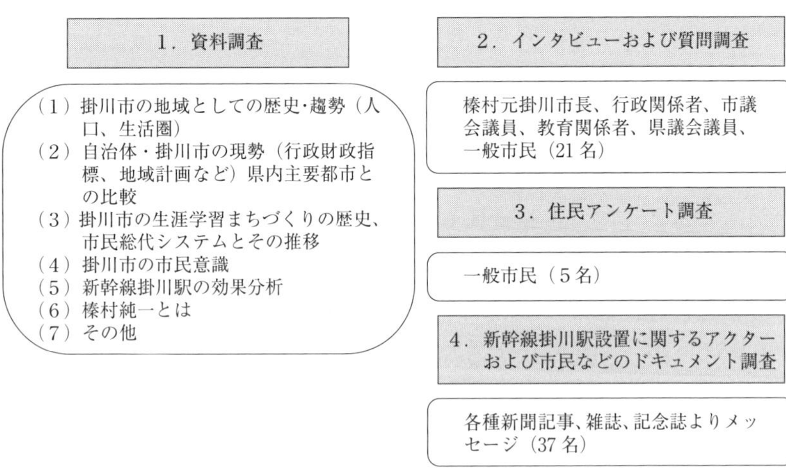

1．資料調査	2．インタビューおよび質問調査
（1）掛川市の地域としての歴史・趨勢（人口、生活圏） （2）自治体・掛川市の現勢（行政財政指標、地域計画など）県内主要都市との比較 （3）掛川市の生涯学習まちづくりの歴史、市民総代システムとその推移 （4）掛川市の市民意識 （5）新幹線掛川駅の効果分析 （6）榛村純一とは （7）その他	榛村元掛川市長、行政関係者、市議会議員、教育関係者、県議会議員、一般市民（21名）
	3．住民アンケート調査
	一般市民（5名）
	4．新幹線掛川駅設置に関するアクターおよび市民などのドキュメント調査
	各種新聞記事、雑誌、記念誌よりメッセージ（37名）

図1　分析の枠組みの全体像

査方法をとった。「榛村純一の掛川市政」への評価および新幹線駅の波及効果については、榛村市政に深く関わった当時の職員等によるインタビュー調査、当時の市民についてのアンケート調査によることにした。

2）使用した資料

　使用した資料をここで紹介する。
　3章の「掛川市の地域特性」と4章の「榛村市政28年間の行財政資料分析」については、「国勢調査」「工業統計調査」「商業統計調査」資料、「農林業センサス」などを使用した。また総務省の「地方債」「地方財政白書」を資料とした。静岡県の調査では、「県内市町村財政状況」「消費動向調査資料」「総合計画新ビジョン」「広域市町村計画・東遠地区モデル定住圏計画」資料などを用いた。掛川市等の調査では、各年次の「総合計画」「掛川市史・大東町史・大須賀町史」、各年度の「予算・決算資料、財政状況資料集、小笠掛川振興協議会」資料、「生涯学習まちづくり25年史」などを使用した。文献では『静岡県74市町村の経済成長力』『地方自治の政策経営――政策と経営のバランスシート』を使用した。
　5章の「榛村純一のひととなりと三大施策」では、「掛川市議会議事録」「掛川市婦人議会10周年記念誌」資料、文献では『東海道新幹線掛川駅建設記念誌』を使用した。6章の「新幹線掛川駅の設置運動とその帰趨」では、新幹線掛川駅設置に関するアクターおよび市民等のドキュメント調査を各種新聞記事、雑誌、記念誌等より著者が抽出した37名について実施した。資料では、掛川市の新幹線掛川駅設置に関する行政資料、市長区長交流控帳（各年度版）、鉄道用語辞典、榛村純一氏レジュメなどに加え文献では『まちを創るリーダーたち』を使用した。7章の「榛村純一の掛川市政への評価および新幹線駅波

及効果」では、アクターへのインタビュー調査を実施した。アクターは行政関係者、市議会議員、教育関係者、県議会議員、一般市民の20名である。そのほか住民アンケートを市民5名にお願いした。また国の統計調査、JR東海掛川駅乗車人数、静岡県の調査では、観光交流の動向など各種統計調査、掛川市等の調査では、掛川市財政状況資料（各年度）、掛川市選挙管理委員会の資料も使用した。また、まとめの8章では、榛村純一本人からのインタビューも実施した。

3. 掛川市の地域特性

1) 掛川市の概要および掛川市の位置づけ

① 掛川市の歴史

　掛川市は、遠州灘に面し、温暖な気候と生活しやすい地形に恵まれている。縄文時代には沿岸部にすでに集落が生まれ、5世紀前後になると和田岡に大規模な古墳群が築造されるなど、早くから組織化された社会が形成されていたことがわかっている。(出典：『掛川市史』『大東町史』『大須賀町史』)。

　戦国時代には、徳川氏、武田氏攻防の要所として高天神城を舞台とした戦いが行われた。戦国時代未明から江戸時代にかけて、掛川城（山内氏）と横須賀城（大須賀氏）を中心に城下町が形成された。掛川は江戸と上方との中間に位置することから、城下町としての役割とともに、東海道の宿場町としての、また海上交通の中継地としての役割も果たしつつ栄えてきた。(出典：『掛川市史』『大東町史』『大須賀町史』)

1889（明治22）年に市制・町村制が施行され、いわゆる「明治の大合併」が実施された。当時、現在の掛川市領域は江戸時代の区域から1町28カ村に再編されたのである。

　1954（昭和29）年から1960（昭和35）年にかけての「昭和の大合併」などによって、掛川市（1町11村で合併）と大須賀町（1町1村および笠原村の一部）が誕生し、1973（昭和48）年には大浜町と城東村が合併して大東町が誕生した。

　そして、現在の平成の大合併政策が進められるなか、2005（平成17）年4月1日には、掛川市、大東町、大須賀町がさらなる発展を目指して新設合併し、新しい掛川市が誕生した。（出典：『掛川市史』『大東町史』『大須賀町史』）、および静岡県（1964）：『市町村合併沿革誌　第2巻』。

② 位置と地形

　掛川市は静岡県の西部に位置し、静岡県内の二大都市静岡市と浜松市の中間に位置している（図3-1）。東側は島田市、菊川市、御前崎市に、西側は袋井市、森町に接している。市中央部に、JR東海道新幹線、JR東海道本線、第一東名高速道路、国道1号が横断すると共

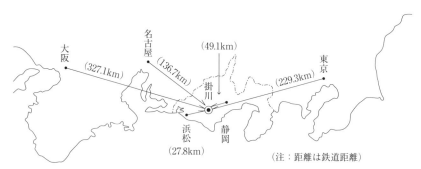

図3-1　掛川から東京、大阪、名古屋、静岡、浜松間の鉄道距離
出典：掛川市（2017）：『第二次総合計画』

に、市北部には新東名高速道路が東西に通過し、市南部の沿岸部には国道150号が横断している。そのため、掛川市は交通の利便性、速達性に優れ、ヒト、モノ、カネ、情報が往来・交差する結節点(ジャンクション)となっている。さらに、本市の東側約15kmの位置には富士山静岡空港が開港し広域な航空交通の利便性も向上した。

　掛川市の面積は265.53km^{2}で、県面積の3.4%を占め、県内で6番目に広い自治体である。本市は東西15km、南北30kmで南北に細長く、市中央部でくびれた形状をしている。市北部は、標高832mの八高山をはじめとするいわゆる「中山間地」をなしている。その南側に平地が開けると共に、市中央部には標高264mの小笠山があり、その山麓は複雑な谷を持った丘陵地となっている。市南部には平地が広がり、遠州灘に面して約10kmにわたる砂浜海岸がある。

③　現況
(1) 人口

　2015年国勢調査(2015年10月1日現在)によると、掛川市の人口は、11万4,602人(男5万7,126人、女5万7,476人)で静岡県下23市中9位である。世帯数は41,050世帯で23市中10位を占めている。

◇主要市の人口と伸び率

　2015(平成27)年の市境域による静岡県内の人口を検討する。各市とも人口は横ばい傾向である。ただし浜松市など掛川市以西の市域は増加現象にあり、また、掛川市以東では、富士宮市、御殿場市、藤枝市で人口が増えているので、掛川市はちょうど2つの人口増加地域では狭間にあるといえよう。

　掛川市の人口を旧市町単位でみると、市役所本庁舎と主要市街地のある旧掛川市は微増しているのに対し、旧大東町、旧大須賀町という周辺地域では減少が大きい。

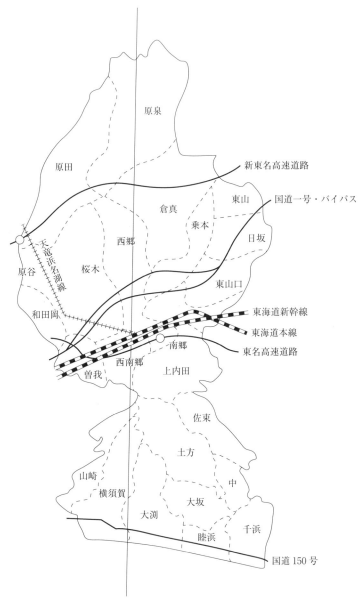

図 3-2　掛川市と主要交通路
出典：掛川市（2017）：『第二次総合計画』

表3-1 主要市の人口と伸び率（2000年の人口は2015年の市境域による人口）

年度 市名	2000年の人口 （平成12）	2015年の人口 （平成27）	前回からの増減 （変化なし=1.00）
静岡市	729,980	704,989	0.97
浜松市	786,306	797.980	1.02
沼津市	211,559	195,633	0.93
熱海市	42,936	37,544	0.88
三島市	110,519	110,046	1.00
富士宮市	130,372	130,770	1.01
伊東市	71,720	68,345	0.96
島田市	102,585	98,112	0.96
富士市	251,559	248,399	0.99
磐田市	166,002	167,210	1.01
焼津市	141,643	139,462	0.99
掛川市	**114,328**	**114,602**	**1.01**
藤枝市	141,643	143,605	1.02
御殿場市	82,533	88,078	1.07
袋井市	78,732	85,789	1.09
静岡県	**3,767,393**	**3,700,305**	**0.99**

資料：国勢調査

(2) 農業・工業・商業

　掛川市の農業産出額は1,456億円（農林水産省『平成27年　農林業センサス』による）で県下23市中4位と、これまで上位を常に保っている県内有数の農業都市でもある。

　農業の中でも緑茶は全国最大規模の産地であり、高い品質を誇っている。その証拠に全国茶品評会では、優れた産地に贈られる産地賞を深蒸し煎茶の部で2005（平成17）年から2014（平成26）年まで10年連続で受賞した。

　最も優れた生産者に贈られる農林水産大臣賞を全国茶品評会では6回、関東ブロック茶の共進会では7回、静岡県茶品評会でも7回獲得している。2013（平成25）年には、掛川市で行われているお茶の伝

統的な栽培方法「茶草場農法」が国連食糧農業機関（PAO）から世界農業遺産に認定されている。

　掛川市の工業（製造品）出荷額は、1兆674億円（経済産業省『平成26年　工業統計』）で静岡県23市中6位と上位に入っている。産業中分類でみると化学工業、電気機械器具製造業などが盛んである。主要な品目は、ADSL機器、ファクシミリ、化粧品、グランドピアノ、自動車部品、携帯電話部品などである。市内には工業団地が7ヵ所あり、7ヵ所の工業団地では合わせて64事業所（2017年11月現在）が操業している。

　掛川市の工業の発展は、大手企業を誘致すべく96haのエコポリス（東部工業団地）の計画を進めたことが契機となっている。掛川市は、その計画に先立ち、まず市内にある中小工場の生産効率や生産能力の向上を図るため、1981（昭和56）年、大池地内に掛川工業団地の造成工事に着手し、1987（昭和62）年に11社による掛川工業団地を完成させた。

　さらに1984（昭和59）年に着工したエコポリス工業団地は1991（平成3）年に完成し、ジャトコ（株）、ピアス（株）、三菱電機照明（株）などの優良企業12社の誘致に成功し、掛川市の工業力は飛躍的に伸びたのである。

　一方、商業をみると掛川市の2014（平成26）年の年間商品販売額は1,847億3,300万円（経済産業省：2014年商業統計）で、静岡県23市中11位と、農業、製造業に比較して、順位が低い。掛川市（旧掛川市）の商圏人口（静岡県消費動向調査、2006年）は27万8,750人であり、静岡県西部地区における最大商圏の浜松（旧浜松市）に次ぐ規模であるが、静岡県西部の商圏構造は多核型で掛川市は浜松商圏（掛川市全域）、袋井商圏（大東地区を除く）にも含まれ購買力の流入とともに流出も顕著であった。

　掛川市の中心商店街としてはJR掛川駅北側に、古くから栄えてき

た駅通り、仲町、連雀商店街等がある。しかし、1994年、1997年にかけてそこから大型スーパー（ジャスコ、ユニー）が次々と撤退し集客力が大きく低下し、シャッター通り化しつつある。このように掛川市も他の地方都市と同様に、中心市街地の衰退に悩んでいる。

(3) 観光等

　掛川市の観光地や特産品は2005（平成17）年に平成の大合併をしたことにより海岸線から中山間地まで場所や産品が多岐に広がっている。主な観光地では、掛川城、高天神城址、横須賀城址、ならここの里、大東温泉シートピア、つま恋リゾート彩の郷、掛川市二の丸美術館、花鳥園、加茂花菖蒲園、遠州灘、粟ヶ岳、大日本報徳社大講堂、資生堂アートハウス、ねむの木村などがある。

　最近では、2006（平成18）年のNHK大河ドラマ「功名が辻」、2017（平成29）年の「おんな城主直虎」などの放映により掛川城が話題になっている。

　特産品は、お茶、メロン、イチゴ、バラ、トマト、葛布、自然薯、石川小芋などである。なかでも葛布は、鎌倉時代以前から伝わる伝統産業の産物で、現在では、バッグ、草履、テーブルクロスなど、生活に密着した民芸品として人気がある。

＊出典：掛川市ホームページ（『掛川観光協会』

2）掛川市と周辺地域

① 東遠広域行政圏

　広域市町村圏とは、自治省（当時）が道路等の広域ネットワークの形成およびゴミ・し尿処理、消防、病院等の広域事務処理の整備を主眼に定めた制度である。静岡県には1969～71（昭和44～46）年に10の圏域が置かれた。

　この広域市町村圏を継いだのが1977（昭和52）年に制度化された

図 3-3　東遠広域市町村圏域
出典：東遠地区広域計画委員会・静岡県（1980）:『東遠地区モデル定住圏計画』

広域行政圏である。

　東遠広域行政圏域の位置は静岡県の中部と西部との接点に位置し、静岡・浜松両市から 30 ～ 50km の地点にあり、構成市町は当時 1 市 7 町（掛川市・菊川町・小笠町・浜岡町・大東町・大須賀町・相良町・御前崎町）からなっていた。元々は、上述のように東遠地区広域市町村圏として 1969 年に設立された。本圏を構成する市町村は、広域市町村計画を作成するために、東遠地区広域市町村圏協議会を置いた（事務局は浜岡町に設置）。圏域の将来像は、自然との調和を図り豊かで活力ある定住社会の創造であった。

　さらに、東遠広域市町村圏域は、当時の新市長榛村氏の時期、1977（昭和 52）年 11 月に策定された三全総[8]（第三次全国総合開発計画）に沿って定住構想に位置づけられ、そのモデル定住圏域（東遠地区モ

表3-2 平成の大合併(2005年)までの東遠地区(1市7町)の人口推移

年度 市町名	1975年 (昭和50) の人口	1980年 (昭和55) の人口	1985年 (昭和60) の人口	1990年 (平成2) の人口	1995年 (平成7) の人口	2000年 (平成12) の人口	1975年 (昭和50)か らの伸び率
掛川市	61,731	64,843	68,724	72,795	76,839	80,217	1.30
大須賀町	10,918	11,314	12,111	12,079	12,144	12,320	1.13
浜岡町	18,621	19,859	22,155	22,891	23,547	24,490	1.32
小笠町	11,463	12,150	13,047	13,903	15,659	15,508	1.35
菊川町	24,885	25,931	27,736	29,859	30,675	31,528	1.28
大東町	17,511	18,241	19,139	20,156	20,995	21,791	1.25
御前崎町	10,708	10,915	11,324	11,346	11,769	11,569	1.08
相良町	25,283	25,527	26,316	26,597	26,877	26,290	1.04
計	181,120	188,780	200,552	209,626	218,505	223,713	1.24

資料:国勢調査

デル定住圏)とされた。東遠地区モデル定住圏計画は東遠地区を対象に同時並行的に進められた「新広域市町村計画」と相まって、地域づくりの両輪としての役割を果たしていった。

なお、東遠地区モデル定住圏は2005(平成17)年の市町の合併に伴い、発展的解消をしている。

その後、静岡県総合計画2011(平成23)年2月の基本構想・地域圏では、東遠地域は、5地域のうちの志太榛原・中東遠地域(9市3町)、とされ、地域が大きく拡大して、広域行政圏に大きな変更が加えられた。うち中東遠地域は、磐田市、袋井市、森町、掛川市、菊川市、御前崎市からなる。そのうち東遠地域は掛川市、菊川市、御前崎市。

さらに、2018(平成30)年度からの新しい静岡県総合計画(静岡県の新ビジョン)においては、県内を4つの地域(伊豆半島地域、東部地域、中部地域、西部地域)に区分している(図3-4)。総合計画によると、この地域区分は厳密に区切られているものとはとらえず、さまざまな機能に応じて広域的な施策を展開することとされている。

図 3-4　静岡県新ビジョンの地域エリア
出典：「静岡県公式ホームページ」県内市町リンク集
(http://www.pref.shizuoka.jp/link/citylink.html、最終閲覧日 2018 年 8 月 24 日)

今後、掛川市と周辺市町との行政上の連携の枠組みはフレキシブルに進められることになろう。

② 小笠掛川振興協議会

　前述の東遠地区モデル定住圏とは別に、小笠掛川振興協議会が、1985（昭和 60）年に設置された。その目的は、当時建設計画が具体化していた新幹線掛川駅を契機に、小笠掛川地域における一体的な公共交通施設の拡充と都市基盤の整備促進を図り、地域経済、文化および広域行政の推進を目指すもので、1 市 5 町の首長、議長、副議長のサミット、情報交換、親交の場であった。

　その後、全国的に進められた平成の大合併の一環として、合併の枠組みとして検討されたこともある。2004 年 4 月 1 日に御前崎市、2005 年 1 月 17 日には菊川市が誕生し、そして 2005（平成 17）年 4

表 3-3　小笠掛川の指標推移

面積 (km2)

大須賀町	33.71
浜岡町	53.57
小笠町	30.36
菊川町	63.88
大東町	46.13
掛川市	185.79
計	413.44

静岡県総務部市町村総室「市町村の指標」平成16年3月

人口 (人)
国勢調査(各年10月1日)
住基（平成16年3月末）

	昭和55年	昭和60年	平成2年	平成7年	平成12年	平成16年
大須賀町	11,314	12,111	12,079	12,114	12,320	12,369
浜岡町	19,859	22,115	22,891	23,547	24,490	23,854
小笠町	12,150	13,047	13,903	15,659	15,508	14,401
菊川町	25,931	27,736	29,859	30,675	31,528	31,206
大東町	18,241	19,139	20,156	20,995	21,791	20,942
掛川市	64,843	68,724	72,795	76,839	80,217	81,174
計	152,338	162,912	171,683	179,859	185,854	183,946

総務省統計局「国勢調査報告」各年
県市町村行政室「住民基本台帳月報」平成16年3月末現在

出典：小笠掛川振興協議会（2005）：『小笠掛川のあゆみ平成17年』

月1日に新しい掛川市が生まれた。その結果、小笠掛川地域の1市5町体制は、3市体制になった。これにより、小笠掛川振興協議会の名前にある小笠郡に属する町がなくなったので、一つの区切りとなり役目を終えた。

③　通勤・通学圏

　人々の通勤・通学の範囲は、住民の日常生活圏の重要な構成要素である。まず、通勤・通学を発生させる都市の拠点性・中心性について、具体的に掛川市に設置されている施設から検討する。そもそも、都市の中心拠点性・中心性とは、行政機関（市役所、警察署、保健所、裁判所、法務局など）、商店（小売業、卸売業）、サービス業（銀行、保険、医療等）、教育・文化施設（高等教育機関、図書館、体育館、文化会館等）の立地によってもたらされる。

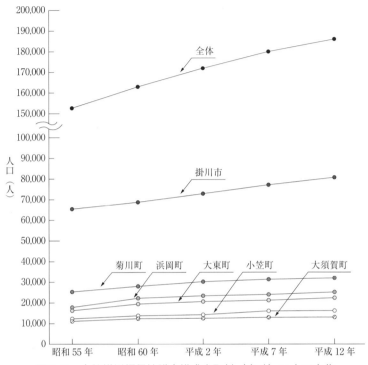

図 3-5 小笠掛川振興協議会構成市町村（当時）の人の変化
出典：小笠掛川振興協議会（2005）：『小笠掛川のあゆみ平成 17 年』

　表 3-4 は 1980 年の掛川市の通勤・通学状況は、市町・郡間での人々の日常生活での流動を示している。掛川市を中心にみると、流入数に比較して流出数が 2,321 人と多い。当時は、特に榛原郡、小笠郡（東遠地区）に属する他市町からの流入があるものの、半面、東遠地区以外の遠方のより中心性の高い市や製造業の盛んな町村への流出が多いためである。特に通勤者（自動車産業・製造業）が大きな割合を占めている。したがって当時の掛川市の行政課題は、市外へ通勤する勤労者を支えるための住宅環境整備や、市外への通勤者を少なくし通勤者がより市外から流入するような優良な企業の誘致だったことが通勤の様子からうかがえる。

表3-4 掛川市の1980年(昭和55)通勤・通学における流出・流入(他の市町へ・から)

区分	流出			流入			差引(流入)−流出(G)	流入率(D)／(A)
	総数(A)	通勤(B)	通学(C)	総数(D)	通勤(E)	通学(F)		
県内計	9,556	8,428	1,128	7,235	5,831	1,404	△2,321	0.76
静岡市	801	699	102	94	90	4	△707	0.12
浜松市	1,898	1,796	102	477	471	6	△1,421	0.82
島田市	306	238	68	250	225	25	△56	0.82
磐田市	1,371	1,285	86	537	439	98	△834	0.40
袋井市	1,878	1,709	169	992	879	113	△886	0.53
榛原郡	206	202	4	461	435	26	255	2.24
小笠郡	1,661	1,370	291	3,060	2,159	901	1,399	1.84
周智郡	649	441	208	506	428	78	△143	0.78
他市町	786	688	98	858	705	153	72	1.09

資料：国勢調査
・小笠郡(大須賀町・浜岡町・小笠町・菊川町・大東町)・周智郡(森町・春野町)
・榛原郡(御前崎町・相良町・榛原町・吉田町・金谷町・川根町・中川根町・本川根町)

1980年(昭和55年)掛川市とその市郡との流出・流入状況

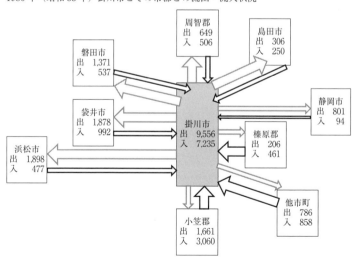

図3-6 1980年の周辺市郡への・からの流出・流入状況(国勢調査をもとに著者が作成)

3. 掛川市の地域特性

表3-5をみると、掛川市の2015年の通勤・通学者数は、1980年と比較すると流出数、流入数とも大幅に増加し、掛川市と他市町との結びつきが強まっている。

　また、流入が流出を上回り掛川市の拠点性、中心性が増していることがわかる。流入・流出の市町を詳細に検討すると、浜松市、磐田市、袋井市と森町への流出数が流入数より多い。その半面、島田市、菊川市、御前崎市、他市町からの流入数が流出数より多い。　地理的な観点から見ると南、東部からの流入、北、西部への流出が多いこととなる。表には示していないが、2015年では掛川市からの県外への通勤・通学者数が顕著になっていて、生活圏が大きく拡大したことがうかがえる。

　他県への流出は愛知県、東京都が多い。流入は愛知県、神奈川県が多い。このように2015年になると、県内市町の流入流出差引数が、1,560人と流入数が流出数を上回ったことは、合併による市域拡大の影響は不明なのでこの点に注意しながら考えると、1980年代当時、周辺都市から遅れていた基盤整備（工業団地・住宅団地、鉄道・道路・上下水道）や企業誘致政策を積極的に進めてきたことで、徐々に掛川市の中心都市としての重要性が高まり、まちづくり（生涯学習ひとづくり・まちづくり）が成熟・深化してきた結果とみることもできよう。

表 3-5 掛川市の 2015 年（平成 27 年）通勤・通学における流出・流入（他の市町へ・から）

区分 市町	流出			流入			差引（流入－流出）(G)	流入率 (D)／(A)
	総数(A)	通勤(B)	通学(C)	総数(D)	通勤(E)	通学(F)		
県内計	22,702	20,496	2,206	24,262	22,974	1,288	1,560	1.07
袋井市	5,395	5,013	382	5,370	5,031	339	△25	1.00
浜松市	3,080	2,595	485	2,122	2,096	26	△958	0.69
磐田市	3,346	3,129	217	2,664	2,436	228	△682	0.80
菊川市	4,368	3,875	493	5,946	5,599	347	626	1.37
静岡市	1,184	960	224	558	545	13	△623	0.48
森町	1,400	1,196	204	909	827	82	△491	0.65
御前崎市	1,514	1,477	37	2,234	2,123	111	720	1.48
島田市	640	583	57	1,684	1,581	103	1,044	2.64
他市町	1,775	1,668	107	2,775	2,736	39	1,000	1.56

資料：国勢調査

2015 年（平成 27 年）掛川市とその周辺都市との流出・流入状況

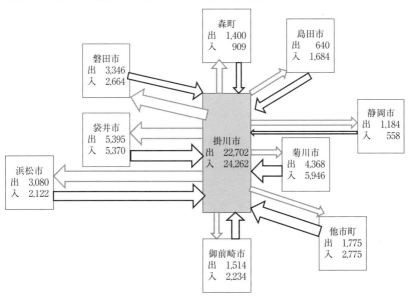

図 3-7 掛川市の 2015 年（平成 27 年周辺都市流出・流入状況（国勢調査をもとに著者が作成）

3. 掛川市の地域特性

表 3-6　掛川商圏の規模

構成市町村	調査年	吸引率（％）		増減（ポイント）（△はマイナス）
		2003 年（平成 15）	2000 年（平成 12）	
第一次商圏	掛川市	68.7	74.6	△ 5.9
第二次商圏	菊川市	28.9	36.0	△ 7.1
	大東町	27.1	29.4	△ 2.3
	小笠町	22.4	23.1	△ 0.7
第三次商圏	浜岡町	10.5	11.7	△ 1.2
影響圏	大須賀町	9.8	7.2	2.6
	森町	8.3	12.2	△ 3.9
	袋井市	6.3	7.8	△ 1.5

資料：静岡県商工労働部商業まちづくり室：静岡県消費動向調査（平成 15 年）

④　掛川商圏

　商圏とは消費需要（購買力）の 5 ％以上を吸引している地域をいい、顧客吸引力がおよぶ範囲を表す。それは次のように区分される。
・第一次商圏：消費需要の 30 ％以上を吸引している地域
・第二次商圏：消費需要の 20 ％以上 30 ％未満を吸引している地域
・第三次商圏：消費需要の 10 ％以上 20 ％未満を吸引している地域
・影　響　圏：消費需要の 5 ％以上 10 ％未満を吸引している地域
・商圏人口算出の基礎となる人口は、原則として静岡県推計人口によるものとした。

　表 3-7 は、静岡県の消費動向調査　掛川商圏 2006（平成 18）年の状況を示している。

　静岡県消費動向調査からみた掛川商圏は、8 地区（商工会議所・商工会を単位とした地区）から構成され、商圏人口は 27 万 8,750 人である。一次商圏には旧掛川市、旧菊川町、二次商圏には旧大東町、三次商圏には旧大須賀町をはじめ、旧小笠町、旧浜岡町、森町が含まれている。掛川市と隣接する旧袋井市は互いに商圏を分け合っている。

　商圏の変化をみると、この掛川商圏は、1994（平成 6）年、1997（平成 9）年と相次いで大型店が撤退した影響により、中心市街地の

商圏は小さくなり、代わって郊外部の大型店が商圏を保持していることが分かる。

表 3-7 掛川商圏吸引率

構成市町村		調査年	吸引率（％）		増減（ポイント）
			2006年（平成18）	2003年（平成15）	（△はマイナス）
第一次商圏	旧掛川市		67.3	68.7	△1.4
	旧菊川市		30.5	28.9	1.6
第二次商圏	旧大東町		23.9	27.1	△3.2
第三次商圏	旧小笠町		18.0	22.4	△4.4
	旧大須賀町		13.5	9.8	3.7
	旧浜岡町		12.9	10.5	2.4
	森町		10.3	8.3	2.0
影響圏	旧袋井市		5.8	6.3	△0.5
商圏人口（人）			278,750	270,874	7,876

出典：「静岡県商工労働部商業まちづくり室」：静岡県消費動向調査（平成18年）
（注：静岡県消費動向調査は2006年度（2007年3月）をもって終了

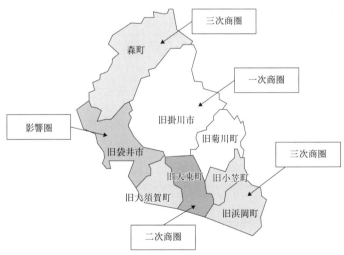

図 3-8 掛川商圏
資料：静岡県商工労働部商業まちづくり室（2007）『静岡県の消費動向調査 平成18年』

4. 榛村市政28年間の行財政資料分析

1）掛川市政28年間

　掛川市は人口や面積からいっても、どこにでもあるような地方の小都市であった。しかし、夢を抱いた榛村純一に率いられた掛川市政28年間はどのような市政であったであろうか。決して「まちづくり」は都市や住民の活動の量や規模で評価されるものではない。むしろ小回りの利いた行政施策とキラッと光る地方小都市の中にこそ、評価される価値があると思われる。

　以下、榛村市政28年間を追ってみる。まずは榛村市政下の28年間の掛川市に関連する主な出来事を振り返ってみる。

＊

1977年 S52　9月、掛川市長に榛村純一氏初当選
1978年 S53　東遠地区（掛川市他7町）が国土庁定住構想モデル地区
　　　　　　に指定。第1回「掛川学事始めの集い」開催
1979年 S54　掛川市が「生涯学習都市宣言」を行う／第1回市民総代

		会開催
1980 年	S55	掛川市が米オレゴン州ユージン市と姉妹都市締結／「年輪の集い」開始
1981 年	S56	国道 1 号掛川バイパス開通、小笠山縦貫道開通
1982 年	S57	台風 18 号で逆川氾濫、掛川市が災害救助法適用
1983 年	S58	掛川市生涯学習センター完成
1984 年	S59	東海道新幹線掛川駅設置決定／掛川市立総合病院新築移転（杉谷地区）
1985 年	S60	東海道新幹線掛川駅起工
1986 年	S61	都市計画道路杉谷成滝線オーバーブリッジ完成
1987 年	S62	東部工業団地（エコポリス）土地区画整理事業の開始
1988 年	S63	東海道新幹線掛川駅開業
1989 年	H1	（株）オレゴン生涯学習村設立
1990 年	H2	「地球・美感・徳育」都市宣言
1991 年	H3	掛川市生涯学習まちづくり土地条例制定
1993 年	H5	東名高速道路掛川インターチェンジ供用開始／建設省から道路公団に第二東名高速道路施行命令（掛川市内 11.9km、掛川インター設置）
1994 年	H6	掛川城木造天守閣復元
1995 年	H7	戦争と平和の 100 年決議／とはなにか学舎開講
1996 年	H8	掛川市新庁舎完成
1998 年	H10	掛川市二の丸美術館開館／全国茶サミット開催
2001 年	H13	掛川市立中央図書館開館
2002 年	H14	掛川市郊外の小笠山運動公園（エコパスタジアム）で 2002FIFA ワールドカップ開催／かけがわ街づくり株式会社設立
2003 年	H15	掛川市内の各会場で第 58 回国民体育大会が開催、総合体育館「さんりーな」オープン／掛川花鳥園オープン／

		森の都ならここ温泉開始
2004年	H16	掛川市、大東町、大須賀町合併調印、市制50周年／掛川市が「歩行文化・スローライフ・報徳文化都市」宣言
2005年	H17	4月1日（旧）掛川市、大東町、大須賀町が新設合併し、新制の掛川市が成立。4月23日の市長選挙で榛村純一氏を破り、戸塚進也氏（元衆議院議員）当選

　さらに、一部重複はあるが表4-1の行政のあゆみを見ると、「生涯学習都市宣言」「第二次、三次、四次総合計画策定」「行政改革大綱策定」「掛川市・大東町・大須賀町合併協議会設立」など、時代の変化や市民の多様なニーズを的確に捉えて政策・施策に反映したものとみえる。元々前市長の下で掛川市の最も基礎となる長期計画でもある「総合開発基本構想」1972〜1985（昭和47〜60）が策定されていた。榛村市長の学習宣言都市に該当する分野をあたってみると、当時は生涯学習という概念はなく「社会教育の振興」による、学校教育と社会教育および文化活動の相互連携という位置づけだった。榛村市長は、この総合開発基本構想を手直しする形で、榛村市長の任期期間と合わせて4年間の中期計画である「実施計画」（1978年度スタート）を策定しつつ、進行管理することにより、計画的な行政を進めてきた。

　その後、1979（昭和54）年に全国に先駆けて「生涯学習都市宣言」、翌年の1980（昭和55）年にはその具体的行動計画となる「生涯学習10か年計画パートⅠ」（表4-2）をスタートさせた。

　さらに、1984（昭和59）年には新幹線掛川駅の設置が国鉄（当時）により決定されたことにより、榛村市長はそれを計画に取り込んだ1986（昭和61）年に「第二次総合計画」を策定した。

　この計画では、市の将来像を「自然と農住商工とレクリエーション施設が美しく共存した考え深い市民の大勢いるまち」とした。榛村市

表 4-1　榛村市政 28 年の行政のあゆみ

年	月	日	主な出来事など
S54	4	1	全国最初の生涯学習都市宣言
55	4	1	生涯学習 10 か年計画パート I （昭和 55 ～平成元年度）
			1 市 7 町で東遠定住圏施設組合設立
60	2	12	小笠郡 5 町とともに、小笠掛川振興協議会設立
	12	26	行政改革大綱策定
61	2	21	第 2 次総合計画策定（昭和 61 ～平成 12 年度）
H2	4	1	「地球・美感・徳育」都市宣言
			生涯学習 10 か年計画パート II （平成 2 ～平成 11 年度）
4	3	23	第 3 次総合計画策定（平成 4 ～平成 12 年度）
7	9	1	戦争と平和の 100 年生涯学習決議
9	3	1	行政改革大綱改訂
	4	1	掛川市行政手続条例施行、業務棚卸表導入
11	4	1	掛川市新ビジョン宣言
12	1	1	人事考課制度施行
	3	23	第 4 次総合計画策定（平成 12 ～平成 22 年度）
	4	1	掛川市情報公開条例施行
			地方分権推進一括法による改正自治法施行
			生涯学習 10 か年計画パート III （平成 12 ～平成 21 年度）
13	11	26	掛川市、菊川町及び小笠町衛生施設組合設立
15	9	1	掛川市個人情報保護条例施行
	10	1	掛川市・大東町・大須賀町合併協議会設立
16	4	1	歩行文化・スローライフ・報徳都市宣言
17	4	1	1 市 2 町合併により新しい掛川市が誕生（予定）

出典：掛川市（2004 年度「生涯学習まちづくり 25 年史」

長独自の考えが「考え深い市民」というキーワードにみてとることができる。1990（平成 2）年には、榛村市長は、生涯学習運動をより広範に成熟させることを目指して、「地球・美感・徳育都市」を宣言して、併せて「生涯学習 10 か年計画パート II 」表 4-3 をスタートさせた。

　次いで、掛川市は、新幹線新駅の開業や東名インターの建設、エコポリス工業団地などの大型プロジェクトが進む中で、総合計画を見直

し、1992（平成4）年に「第三次総合計画」を策定した。2000（平成12）年を目標年次としたこの計画は、1993（平成5）年の東名高速道路掛川インターチェンジ供用開始、1994（平成6）年の掛川城天守閣本格木造復元、1995（平成7）年の「戦争と平和の100年生涯学習決議」、1996（平成8）年の市役所新庁舎完成など、「全国的にみて価値ある都市——10万都市を目指して」という新しい視点も相まって、着実な実績と成果を上げていく。

1990年代後半には、「バブル経済の崩壊」が生じ、急速な少子高齢化、高度情報化、地球規模での環境汚染問題をはじめ、地方分権や市町村合併などの流れが急激に進み、市民生活や地域社会、産業、行政などの広範な分野において、これまでの地方自治体が経験したことのない新たな課題に直面した。

しかし、行政と市民の関係や地方自治にとっては、1990年代後半期は行政手続法、情報公開法、個人情報保護法などが相次いで施行される環境下にあって、めざましい進展のあった時代だった。掛川市はこうした流れを踏まえ、21世紀の新しい時代にふさわしい都市づくり・人づくりを目指して、2000（平成12）年に「第四次総合計画」を策定した。

行財政改革の取り組みでは、元々掛川市は1985（昭和60）年に策定された政府の「行政改革大綱」に基づき、行財政改革を積極的に進めてきた。その後、社会情勢の大きな変化に対応し、地方分権の時代に適応した新たな行財政の仕組みを確立するため、大綱を1997（平成9）年に改訂した。

この改訂では、行政の体質改善と新しい行政運営手法の導入を視野に入れながら、すべての掛川市の業務について施策体系上の位置づけ、目的や達成すべき目標などを明確にする掛川市独自の「業務棚卸表」を全国に先駆けて導入した。

一方、掛川職員の人材育成の分野での取り組みが、市民とともに進

表 4-2 生涯学習 10 か年パートⅠ〈1980（昭和 55）年～89（平成元）年〉

18 項目のテーマとプロジェクト

1. 掛川市に関するよく加工された情報をつくり、できる限り市民に徹底するため「掛川学事始」運動を展開する 10 年
2. 一生涯の健康を進め、心身の安定を修養する 10 年
3. 恵まれない人にやさしい心をもち、いろいろな差別をなくす福祉をすすめる 10 年
4. 知性豊かで魅力ある婦人が大勢参加してまちづくりにいそしむ 10 年
5. 幼少青年の教育を子どもの躾という視点で充実しつつ、公民館活動、コミュニティー活動を展開する 10 年
6. 一人一芸、一研究、一スポーツ、ホビーライフ（趣味・道楽）を進め、歳とともに内容が豊かになっていくような生き方をする 19 年
7. 学歴偏重社会を学校教育の立場で見直し、児童生徒を学習社会の一員として育成する 10 年
8. 農業をよく抱え込んだ都市化を図り、農業ショールーム都市、農業体験都市をつくる 10 年
9. 商売を深め、経営の地力をつけ、技術革新し、みんなで地域セールスを進める 10 年
10. 区画整理、街路事業を公共生活空間、共有財産をつくる一大叙事詩として展開する 10 年
11. 豊かな森林をつくり、まちを花と緑で飾り、野外活動と植物の生長を楽しむ 10 年
12. 治水、利水、下水、河川、池等、きれいな水の流れをふやしていく 10 年
13. 道路網を整備し、土地利用、線引きをきちんとする 10 年
14. 地域特色をもった自治区の経営と市民主体の市政を推進し、まちからゴミと公害をなくし、災害に強くなる 10 年
15. 市役所をまちづくりのリーダー集団、一級のデータバンクに整備する 10 年
16. 定住圏域、広域行政を進め、近隣市町村と連帯強調する 10 年
17. 生涯投票率を意識し、国政・県政・国際関係を通し、政治的に成熟していく 10 年
18. 以上 17 項目を総合して「名」と名のつくものをたくさんつくりあげていく 10 年

　1960 年から始まった生涯学習 10 か年計画パートⅠ 3,000 億円プランは、1989 年に 3.300 億円をもって終了しました。人生即生涯学習、職業即生涯学習、政治即生涯学習という観点に立って生涯学習運動を全面展開し、このパートⅠプランでは、小中学校 22 校の増改築、生涯学習センターの建設や市立総合病院の新築移転、新幹線掛川駅など、遅れていた公共施設の整備を重点的に行いました。
　なかでも当初、夢物語といわれた新幹線掛川駅の開設は、市民・企業や周辺市町村の理解と支援のもと、建設事業費 135 億円を全額地元負担で行いました。特にそのうち約 30 億円は市民募金によるもので、新幹線駅は生涯学習 10 か年パートⅠ終了間際の 1988（昭和 63）年 3 月開業し、本市や周辺圏域に多くの恩恵をもたらしています。

出典：生涯学習都市を目指して「全国生涯学習シンポジウム In 掛川」平成 13 年 2 月 3 日・4 日掛川市

表 4-3　生涯学習 10 か年パート Ⅱ〈1990（平成 2 年）～ 1999（平成 11 年）〉

新 18 項目のテーマとプロジェクト

1. わが地域を楽しく語れる掛川学習事始の充実策
2. 寝たきりボケ老人の少ないまち、信頼厚い市立病院体制の確立と東海アクシス看護学校の活躍
3. 福祉のパートⅡ五大テーマのすすめ、同和教育の徹底、65 歳～ 75 歳 6,000 人の先輩市民の活躍
4. 小中学校の生涯学習センター化を一層すすめる内容の充実
5. 年輪の集いなど、一人一人の自己充実と女性の生き生きした都市づくり、女性会議の活用
6. 三階建て生涯学習施設ネットワークの充実と生涯学習の各種組織団体行事の育成強化
7. 農の文化（土と食の文化、暮らしと家の文化）を築く、新農政ビジョン策定とカテキン PR
8. 特色豊かに商工業の充実
9. 生涯学習まちづくり土地条例の制定
10. 厚生環境行政の充実
11. 東名掛川インターの開設（平成 5 年）と道路網の整備、第三セクター小笠山麓開発（株）の事業展開
12. 河川改修の促進（1 級 3 本 5.7km、2 級 13 本 102km、準用 35 本 74km、普通 73 本 86km）計 257.7km
13. 森林・木・水・みどりの質量両面の充実と浄化、水源地保護、省資源、クリーン作戦
14. 19 地域学習センターと市民総代会の充実
15. 信頼厚い市役所体制づくり、行財政力とリーダーシップの強化、一級のアクションタンク
16. 広域行政をしっかり展開する
17. 豊かな国際感覚と国政への提案力（生涯投票率）
18. 生涯学習ソフト施策体系の樹立

　1990（平成 2）年からの生涯学習 10 か年計画パートⅡ 5,000 億円プランでは、「全市生涯学習公園化・全市エコポリス化・全市インテリジェント化を組織的、体系的、計画的に志す」ことを強調しています。
　生涯学習パートⅠでは、社会基盤の整備に重点を置きましたが、生涯学習パートⅡでは、行政のリードだけではなく、市民一人ひとりが自らの純粋な願いから出発して、生涯学習を実践し、一人一芸一スポーツ、一人一業一ボランティア、一人一役一健康法の境地を深めるという市民総参加運動を目指しています。
　このプランでは、掛川市生涯学習まちづくり土地条例（H3）、東名掛川インターチェンジ供用開始（H6）、日本初の本格木造掛川城天守閣復元（H6）、生物循環パビリオン建設（H6）、市役所新庁舎（生涯学習総本山パーク）業務開始（H8）、地方分権のパイロット自治行動等の成果をあげています。

出典：生涯学習都市を目指して「全国生涯学習シンポジウム in 掛川」平成 13 年 2 月 3・4 日　掛川市

める「生涯学習の推進」と相まって、注目された。この分野では、幅広い視野と豊かな見識、高度な専門知識と技術を備えた職員を育成し活用を図るため、職員の適性、能力および実績に応じて育成指導を行う「人事考課制度」を 2000（平成 12）年から取り入れた。また、常に能力と意欲の向上に努める職員を増やすため、職員の自主性に基づく選択制職員研修を導入した。

2）掛川市の行財政

「7 章 5 節　平成大合併後の新掛川市長選挙」で後述するように、榛村市政のもとで、旧掛川市の財政は悪い状態に陥っていると、選挙期間中に反対派陣営から喧伝された。実態はどうであったか。表 4-4 を使って榛村市政 28 年間のうち 1979（昭和 54）年度（生涯学習都市宣言年）から 2003（平成 15）年度までの 25 年間を、財政面から分析する。

掛川市の普通会計の決算額は、歳入ベースで、1979（昭和 54）年度の 119 億 5,600 万円から 2003（平成 15）年度の 318 億 1,500 万円に、2.66 倍と大きく成長しているといえる。また、財政基盤の強さを表す「財政力指数」も 1979（昭和 54）年度の 0.61 から 2003（平成 15）年度は 0.91 に上がり、着実に財政基盤を強化してきたといえよう。

28 年の間には都市づくりの投資が積極的に行われた。市内小中学校の校舎・体育館の建設をはじめ、1983 年の生涯学習センター、1984 年の新市立総合病院、1988（昭和 63）年の新幹線掛川駅、1984 年〜1991 年のエコポリス工業団地、1993 年の東名掛川インター、1994 年の掛川城天守閣、1996 年の新市庁舎、2001 年の中央図書館、2003 年の総合体育館と基盤整備を進め、後述するように榛村市長は大きなプロジェクトを実現してきた。こうしたなかで、「投資的経費

表 4-4　榛村市政 28 年間の普通会計における主な財政指標の推移『1979 〜 2003（昭和 54 〜平成 15）年』

西暦	歳入総額 単位：億円	歳出総額 単位：億円	地方債現在高 単位：億円	一人当単位 万円	県内順位	財政力指数 単位：%	県内順位	投資的経費比率 単位：%	県内順位	経常収支比率 単位：%	県内順位	公債費比率 単位：%	県内順位	起債制限比率 単位：%	県内順位
1979	119.56	110.69	85.95	13.3	3	0.61	19	50.2	1	61.9	20	11.6	5	9.8	2
1980	133.99	126.05	99.69	15.2	3	0.61	18	53.2	1	63.6	18	12.8	1	10.4	4
1981	149.94	141.02	115.58	17.4	3	0.61	18	55.6	1	61	21	13	3	11	4
1982	167.07	156.98	138	20.5	2	0.64	18	55.6	1	64.4	18	13.7	3	11.5	3
1983	167.88	159.7	156.75	23.1	2	0.67	18	50.6	1	67.1	16	16	3	12.5	3
1984	167.04	160.32	167.5	24.5	2	0.7	19	46.1	1	71.3	11	19.6	1	14.4	3
1985	185.05	182.04	171.9	24.8	2	0.72	18	43	2	72.4	7	19.5	1	16	2
1986	186.04	181.12	183.6	26.1	2	0.75	18	50.9	1	71.6	9	17.4	4	16.3	2
1987	198.2	193.84	194.05	27.3	2	0.79	18	52	1	71.9	9	19.2	1	16.1	2
1988	168.6	161.18	193.6	26.9	2	0.8	18	33.9	11	74.3	4	19.5	1	16.1	2
1989	185.89	179.6	184.93	25.4	3	0.78	17	52	1	66.6	12	17.5	1	16.2	1
1990	210.68	205.11	191.83	26	3	0.76	17	35.1	11	64.6	9	17.1	5	15.6	1
1991	242.31	235.16	200.78	27	4	0.76	17	40.4	3	69.7	6	16.9	2	14.9	1
1992	259.65	252.16	219.51	29.1	3	0.79	17	41.2	3	70	6	15.8	3	14.4	1
1993	292.1	282.8	261.45	34.4	2	0.82	16	46.4	1	71.2	12	15.8	1	13.9	2
1994	253.66	243.77	278.61	36.4	1	0.85	16	37.1	5	75	11	16.8	3	13.8	2
1995	301.39	291.76	308.85	40	1	0.87	15	45.6	1	74	11	16.7	2	13.8	2
1996	256.4	246.45	321.69	41.3	2	0.88	14	30.2	14	73.2	12	17.3	2	14	2
1997	257.4	246.37	322.46	40.9	3	0.87	15	26.7	12	73.4	11	17.9	1	14	1
1998	295.14	284.38	351.06	44.4	3	0.87	15	33.2	5	77	1	17.7	1	13.9	3
1999	301.98	284.76	334.86	42.2	4	0.86	15	21.6	15	72.2	16	15.8	3	13.2	2
2000	301.27	285.94	324.61	40.5	6	0.87	7	29.7	8	71.4	17	15	5	12.3	4
2001	291.38	280.08	319.57	39.8	8	0.88	10	27.3	9	74.8	12	15.1	7	11.5	7
2002	300.93	290.71	324.45	40.3	8	0.9	10	33.6	2	77.8	13	15.8	5	11.6	7
2003	318.15	306.89	322.87	39.3	8	0.91	9	35.2	1	76.8	14	15.8	6	11.8	6

＊県内順位は、21 市中の順位でいずれも数値の高い順。
＊財政力指数：地方公共団体の財政力を示す指標、1 を上回ると普通交付税が交付されない。
＊投資的経費比率：歳出に対する投資的経費の比率を言い、大きいほど建設投資など盛んに行われたことを示す。
＊経常収支比率：地方公共団体の財政構造の弾力性を表す指標として使われる。一般的に市では 75 ％程度が適当と言われ、80 ％を超えるとその市の財政は硬直化しつつあると考えられる。
＊公債費比率：毎年度の元金及び利子の償還経費の総額を公債費と言う。この公債費が一般財源（市税など、使途が特定されない財源）に占める割合を公債費比率と呼んでいる。
＊起債制限比率：国による地方債の許可制限に関する指標として定められているもので、比率が 20 ％以上になると起債の制限を受ける。なお、財政指数は高いほど、経常収支比率、公債費比率、起債制限比率は低いほど良好な指標である。

出典：「生涯学習まちづくり 25 年史抜粋 p7」掛川市の普通会計における主な財政指標の推移

率」(支出のうち建設事業の占める割合) が1981年、1982年、1983年、1986年度の4回も全国一となったことや、県下21市中1位は25年間で実に12回も数えたことなどは、掛川市が都市づくりの投資をいかに積極的に行ってきたかの表れであった。

その結果、建設事業の財源確保のため借入金も増えている。地方債現在高は、2003 (平成15) 年度末で322億8,700万円となり、市民一人当たりにすると39万3千円で、県下21市中8位となっている。「公債費比率」(支出に占める返済金の比率) が県下最高になった時期 (1980年、1984年、1985年、1987年〜1990年、1997年、1998年) には、財政の硬直化を心配する声もあった。しかしながら、借り入れの多くは、後年度に元金と利子返済分が地方交付税として措置される市債を活用するなど、健全な起債管理に努めてきた。決して危険な水準ではないといえよう。

その根拠として、高寄 (2000) は『地方自治の政策経営——政策と経営のバランスシート』p199〜p202[3]で次のような財政再建の処方箋を挙げているが、それに沿って検討してみよう。

第一に、東京都は別格として一般の自治体との場合、大阪府も含めて交付税の税収減収に対する補填措置があるので、景気変動からの減収は補填される。したがって膨張した当該自治体の財政の贅肉・不良資産などの処理が当面の課題となる。福岡県赤池町の場合でも、標準財政規模の1.27倍の赤字を10年で解消している。

第二に、自治体が財政危機といっても減量経営によって一気に財政不足を解消する切開手術策はとれないであろう。したがって、長期的に対応していくため、財源不足分は財源補填債を発行し赤字の繰り延べによって、財政再建の期間の延長を図っていくことになる。このような財源対策債を自治省がいくら認めるかである。

第三に、今後10年間ほどは、財政支出の一割程度をカットしていくことであるが、減量経営方式では不可能なので、行政・政策経営に

よって給与体系の改革、外部処理方式の拡大をすすめていくことになる。このような延命的対応と経営的改革の間に、日本経済の回復による税財政の環境の好転を期待し増収があれば、累積債務の清算に筋道をつけることができるであろう。

しかし財政再建の難問は、地方公営企業・外郭団体・不良資産などであろう。外郭団体については整理統合であるが、基本的には経営診断に基づく再構築によって、事業収支の改善を図っていくことになる。不良資産については、売却か再利用である。さいわい自治体は公園にしても環境緑地にしても「公共性」はあるのでこの際、少ない公園面積・緑地として一般会計が購入するのも、仕方がない選択であろう、と高寄は述べている。

このことを榛村市政にあてはめてみると、不良資産の処理では、20世紀末に、全国市町村の土地開発公社の持つ不良資産（土地）が塩漬け用地として新聞紙上（日本経済新聞1998（平成10）年9月28日付）で話題になったが、掛川市の場合、（財）掛川市開発公社（1968・昭和43設立）の所有する不要不急の土地を民間に売却し、必要に応じて公園、給食センターや環境資源ギャラリー用地を掛川市一般会計予算で購入した。なお環境資源ギャラリー（ゴミ焼却施設）は2006（平成18）年度運用開始から掛川市・菊川市の一部事務組合で運営している。

1988（昭和63）年設立された東名掛川インター建設のための開発インター型の第三セクター、小笠山麓開発株式会社はインター建設、周辺開発事業を進め、平成2012（平成24）年度に建設負担金の返済を完了し、2015（平成27）年度に解散した。全国的にみても成功事例の代表であった。

外部委託では、国の認定こども園の制度化より、いち早く1994（平成6）年ごろから、幼保教育のあり方を研究し、2000（平成12）年には、幼稚園と保育園を合築するなど幼保一元化を進めた。経営は民間

委託とし、行政のスリム化と市民ニーズへの対応に努めた。

さらに、公共施設の掛川城天守閣、二の丸美術館、中央体育館さんりーな、中央生涯学習センター・地区生涯学習センターなどは、民間委託および住民管理とし、行政のスリム化、入館者、利用者数の向上に努めた。借入金を抑制し、債務負担を削減することも必要だが、「出ずるを制して入りを図る」政策も重要であろうと思われる。

また、榛村市政直後であるが、財政再建の難問とされる地方公営企業（掛川市立総合病院）は、老朽化に伴い2007年度ごろから袋井市・掛川市による合併協議を進め、2013（平成25）年、中東遠総合医療センター（現在は掛川市・袋井市病院企業団立）として掛川市内に開院した。建設費は地方債で賄い、借入金は一時的に増えはしたが、全体の将来負担額は減少傾向にある。

掛川市は、高寄（2000）の投げかけた財政再建課題に向けては、（財）掛川市開発公社（土地取得・造成・管理等）や小笠山麓開発株式会社（土地の造成・販売等）を巧みに利用して、企業誘致を積極的にすすめた結果、当時の景気にも後押しされ、優良企業が続々と進出した。高寄のいうように、税財政が安定してきたことにより、累積債務の償還にあてる余裕ができたことはいうまでもない。榛村市政後もその榛村の蒔いたタネが実ったものも少なくない。財政再建は一歩ずつ進んでいることは確かである。

榛村市長の最後の任期にあたる、2004（平成16）年度の静岡県内市町財政状況（人口5万人〜10万人の類似団体市）表4-5を使って、平成の大合併前の8市の財政指標を比較してみよう。

掛川市の標準財政規模（地方公共団体が通常水準の行政サービスを提供する上で必要な一般財源の規模を示す指標）は、14,819百万円と8市中3番目に規模が大きい。地方債現在高住民一人当たりの額は392千円と8市中7位と地方債が重くのしかかっていることは否定できない。債務負担行為今後予定支出額の住民一人当たりの額も86千

円と8市中7番目、公債費比率も16.7と8市中7位と今後の債務負担も大きいと見込まれ、起債制限比率は12.4と8市中最下位。しかし、財政力指数は0.93で中位置にあり、市の独自収入は問題ないレベルにある。この起債制限比率だけをみると、掛川市の信用力は低下しないか、財政運営に悪影響はないか、と心配する声も市民の中にあった。しかしながら、それだけで判断するのは性急ではないか。

なぜなら、掛川市は現行の地方債制度において、地方財政計画の策定および地方交付税の算定を通じて、地方債の元利償還に要する経費について掛川市は所要の財源を確保しているからである。

また、財政指標が一定基準を超える地方公共団体については、表4-6に示した通り、地方債の安全な仕組みが構築されている。また地方公共団体の財政状況の悪化が生じた場合であってもこれらの制度により確実に元利償還が行われるからである（総務省）。

さらに、掛川市の債務負担行為現在高（第三セクター、土地開発公

表4-5 2004（平成16）年度静岡県内市町財政状況（人口5万人～10万人）の8都市

市町村名	人口（単位：千人）	標準財政規模（単位：百万円）	地方債現在高（単位：百万円）	住民一人あたり（千円）	債務負担行為今後予定支出額（単位：百万円）	住民一人あたり（千円）	公債費比率	起債制限比率（3年平均）	財政力指数
県計	3,773	733,465	1,427,147	378	195,920	51	14.1	8.9	0.72
市計	3,069	582,520	1,165,063	379	157,815	51	14.8	10.3	0.9
町村計	703	150,945	262,084	372	38,104	54	13.8	8.2	0.63
①伊東市	75	13,376	25,937	345	1,498	19	13.2	9.9	0.92
②島田市	76	13,201	24,741	323	8,134	106	12.8	9.7	0.77
③磐田市	86	16,611	31,203	360	1,974	22	14.4	10.9	0.91
④掛川市	81	14,819	32,036	392	7,065	86	16.7	12.4	0.93
⑤御殿場市	84	16,427	25,288	299	3,652	43	9.4	5.2	1.08
⑥袋井市	61	11,786	18,621	303	546	8	15.2	10.9	0.95
⑦浜北市	85	14,055	36,907	430	3,906	45	17.4	10.1	0.77
⑧裾野市	52	13,476	17,060	324	1,795	34	9.6	8.3	1.43

出典：静岡県自治財政課
・人口：住民基本台帳登録人口（千人）17.3.31現在

社、一部事務組合の債務、社会福祉法人施設建設費の償還など）の債務についてはどうであろう。掛川市はこれらの組織に対して、出資や債務保証等を行っており、その財政運営に影響を及ぼす可能性もある。しかし、新たに制定された「地方公共団体の財政の健全化に関する法律（平成19年6月22日公布）」の下で、こうした債務を含めた実質的な負債にかかる指標が整備され、その情報開示や指摘に応じた早期健全化措置により地方公共団体の財政運営の健全性の確保を図っている体制が整えられているので掛川市の財政運営について問題はないと著者は考える。

地方債の元利金は、以下の仕組みのもと確実に償還され、BIS基準（バーゼル銀行監督委員会が公表している国際的に活動する銀行の自己資本率や流動性比率等に関する国際統一基準のこと）の標準的な手法におけるリスクウエイトは0％（2007年度決算）と評価されている。

これまでに榛村市政の行政分析と財政分析を行ってきた。榛村市長の行財政運営の目標は、安全、確実な地方債を活用してできるだけ早く、立ち後れていたインフラ整備を実施することにあった。しかし、新幹線掛川駅設置、東名インター設置や工場誘致のための第三セクター設置などを早急に進めるためには、インフラ整備の恩恵が素早く税収入に跳ね返ってこなかったという事情もあり、まずは地方債という新たな財源を求めるしかなかったと理解できる。

加えて、榛村市長はこの財政に関わる難局をなんとか脱却するた

表4-6　地方債の安定的しくみ

地方債の元利償還に要する財源の確保	地方債の元利償還に必要な財源を国が保証
早期是正措置としての起債許可制度	個々の地方公共団体が地方債の元利償還に支障をきたさないように、地方債の発行を事前に制限
地方公共団体の財政の健全化に関する法律の施行	情報開示の徹底、自主的な改善努力、国等が関与した財政再生

出典：総務省（地方債の安全性）

め、地方債だけでなく、生涯学習運動を進める中で市民募金（新幹線掛川駅、掛川城天主閣復元）、出資金（第三セクター小笠山麓株式会社、オレゴン州生涯学習村等）という、税ではない税外負担ともいうべき市民力を活用する方策をとったと理解できる。その結果、市民の合意には時間もかかったが、後述するように、新幹線掛川駅の募金約30億円の成功体験が後押しして、その後の東名掛川インター設置、掛川城天守閣復元事業などが順調に進んでいったといえよう。

　こうした市民からの募金、出資金方式は、今日の大衆的財政支援「クラウドファンディング（Crowd funding）」ともいうべきものかもしれない。そう考えると、30年以上も前に、榛村市長は掛川市の基盤整備やまちづくり・ひとづくりのために、その手法を取り入れたことは驚くべきことである。

　著者は榛村市政の実績を、静岡県内74市町村について、経済指標の10年間（1980～1990年代、1981～1993年度ごろまで）の調査結果における、表4-7、4-8に基づき分析した。これらの坂本光司編著（1994）：『静岡県74市町村の経済成長力』[4]に沿ってまとめると、著者なりに評価すると次のようになる。

　掛川市は、人口7万5450人、事業所数3600、工業出荷額2975億円、小売年間販売額772億円で、県下74市町村中では人口が第13位、事業所数が第16位、工業出荷額が第17位、小売り年間販売額が第13位の規模である。この10年間の総合成長係数（上記の坂本（1994）の独自の指標）は105.2となり、全県はもとより、同規模の人口を持つ5～10万人の都市の平均値の102.2をも上回っており、全県で26位、同規模の7地域中[5]では袋井市、御殿場市に次いで第3位であった。

　また、部門別にその動向を見ると、いずれの項目も全県平均を上回っている上に、バランスのよい成長であったことがうかがえる。人口部門中、目立って増加したのは総人口、昼間人口と世帯数で、総人

口は 10 年間で 8,200 人、12.3 ％増で、全県の 5.3 ％、同規模地域平均の 3.3 ％を大きく上回り、袋井市の 13.7 ％に次ぎ第 2 位であった。

　このように、掛川市は、インフラ整備が進むと、固定資産税による税収も増え、市民の希望だった、小学校体育館、図書館などの教育施設、生活道路、都市計画道路整備、スポーツ施設を次々と整備していくことができた。それにつれてもちろん年々、地方債の現在高も増していったが、その後の税収増によって元利償還もスムーズに進んでいったのである。

　経済指標での掛川市の 10 年間の発展は、出生数、生産年齢人口、労働力人口は若干低下したものの、人口、世帯数、住宅数を増加させている。このことは掛川市が「生涯学習はまちづくり、ひとづくり」「マイナス条件をプラス条件に」と住民に問いかけるという住民主体に展開した生涯学習運動をテコに、新幹線掛川駅設置、区画整理事業の推進などを成し遂げた成果であると考えられる。ひいては、掛川市の基盤整備、良好な住宅地の提供、交通のインフラストラクチャーの整備は、隣接の袋井市の企業誘致の進展など中遠地区にも好影響をもたらしたのではないかと推察される。

　そしてその時期には、1991（平成 3）年以降、ハイテク産業が集積した東部工業団地（エコポリス）が始動し、平成 7 年のアピタ進出と、新幹線駅の効果に加え、東名高速道路掛川インターチェンジ開設効果（1993 年開通）も期待された。このように掛川市は、さらなる発展の可能性を広げつつあると言える。また、農業部門でも大きな成果をあげていた。まさに当時 1986（昭和 61）年の掛川市の将来像であった、「自然と農住商工とレクリエーション施設が美しく共存した考え深い市民の大勢いるまち」を実現したといえるのではないか。

　このような発展の帰趨をたどった掛川市はいかに発展したのか、榛村市長自らが住民に、「住みやすいまちとは何か、幸せとは何か」を常に問いかけた。その住みやすいまちと住民が幸せを実感するために

表4-7 掛川市の経済力・成長力指標

項目	単位	比較年	基準年実数	直近実数	増減率	成長係数(105.2)	全県順位(26)	人口別順位(3)
①人口世帯部門	人				部門平均	102.1	24	3
1 総人口	人	H5/S58	67201	75448	112.30 %	106.7	13	2
2 昼間人口	人	H2/S55	62292	69710	111.90 %	105	19	3
3 出生数	人	H4/S57	964	738	76.60 %	95.4	47	6
4 生産年齢人口	人	H2/S55	47732	47640	99.80 %	90.8	51	7
5 可住地人口密度	人	H4/S57	726	823	113.30 %	107	14	3
6 労働力人口	人	H2/S55	35147	39521	112.40 %	99.3	30	5
7 総世帯数	世帯	H5/S58	16665	20638	123.80 %	107.1	13	2
8 住宅総数	戸	H2/S55	15534	18991	122.30 %	105.2	17	3
9 持ち家率	%	〃	82.90 %	79.30 %	95.75	97.4	63	5
10 宅地面積	m²	H3/S56	892	1121	125.70 %	107.2	17	2
②事業所部門					部門平均	103.2	30	3
1 事業所数	箇所	H3/S56	3175	3599	113.40 %	107.2	20	2
2 従業者数	人	〃	26735	31645	118.40 %	99.2	40	5
③工業部門					部門平均	110.5	32	3
1 従業者数	人	H3/S56	8533	9983	117.00 %	104.9	34	3
2 工場数	箇所	〃	264	319	120.80 %	119.2	29	1
3 出荷額	万円	〃	17152492	29752508	173.50 %	102.3	40	3
4 粗付加価値額	〃	〃	6356520	13604676	214.00 %	112.9	31	3
5 現金給与	〃	〃	2050156	4022870	196.20 %	113.3	30	2
④商業部門					部門平均	106.8	14	3
1 小売年間販売額	万円	H3/S57	5143319	7717966	150.1 %	103.8	25	3
2 売場面積	m²	〃	60970	73592	120.70 %	111.7	12	3
3 従業員数	人	〃	3556	3977	111.80 %	106.5	20	3
4 商店数	店	〃	937	935	99.80 %	106.2	9	1
5 人口一人当たり売場面積	m²	〃	0.92	1	108.60 %	106	14	3
⑤農業部門					部門平均	105.2	27	3
1 農業粗生産高	万円	H3/S56	1235400	1234500	99.90 %	104.4	27	3
2 一人当たり農業粗生産高	〃	〃	188.2	254.2	135.20 %	106	25	2
⑥税財政部門					部門平均	103.5	35	3
1 歳入総額	万円	H3/S56	1499351	2423105	161.60 %	92.7	61	4
2 財政力指数	〃	〃	60.8	79.2	130.30 %	143.2	10	2
3 地方税	万円	〃	1155800	981600	84.90 %	62	54	7
4 自主財源	〃	〃	633700	1503400	237.20 %	122.4	10	1
5 市町村税	〃	〃	138578	460848	332.60 %	103.2	27	4
6 一人当たり市町村税	〃	〃	2.11	6.24	206.1	97.7	35	5

◇キャッチフレーズ／自然と農住商工とレクリエーション施設が共存した考え深い市民の大勢いるまち
◇主要事業所／静岡日本電気（株）［1,515人］
　　　　　　　ヤマハ（株）掛川工場［922人］
　　　　　　　（株）資生堂掛川工場［400人］
◇主導工業［出荷額等］／第1位電気機器［24.0％］
　　　　　　　　　　　　第2位輸送用機器［15.0％］
◇大規模小売店舗／ジャスコ掛川［6,185m²］
　　　　　　　　　ユニー掛川［5,133m²］他9店
◇就業構造／第1次12.6％、第2次44.0％、第3次43.5％
◇年齢3区分／年少21.1％、生産65.4％、老年13.4％
◇従業者当たり出荷額等／2,980円
◇人口当たり小売販売額／105万円
◇コンビニエンスストア／10店
◇特産品／茶、タテ型ピアノ、バラ

出典：坂本光司編著（1994）「静岡県74市町村」の経済成長力」

表4-8　部門別成長係数

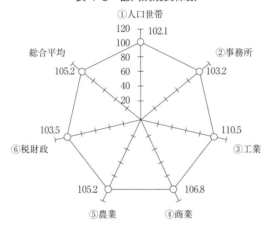

出典：坂本光司編著（1994）：『静岡県74市町村の経済成長力』

は、「定住人口や、昼間人口を増やすことを怠らない政策が今後も必要だ。魅力ある職場の確保と買い物に便利なまち、お年寄りに優しく、若者や女性に魅力なまちを確保することだ」と榛村市長は考えた。榛村市長は新幹線駅をつくり、優良企業誘致を図り、市街地周辺には高級ホテルを誘致し駅前の文化や観光のシンボル掛川城を復元し、城下町風まちづくりを演出した。しかし市街地商店街の活性化はまだ克服されていない。これまで生涯学習で培ってきた心意気を発揮

すればどんな困難にも立ち向かっていくだけの市民力はついている。そう榛村市長は考えたのではないだろうか。

　その後も新幹線掛川駅の効果は各方面で発揮され、ビッグプロジェクトも順調に進み、榛村市政28年間に、榛村の思い描いた、当時の課題だった施策は、ほぼ完成した。後の課題は合併を待つのみであった。

　榛村市政後の課題としては、積極的な投資の結果、公共施設や社会基盤の面でも他市に劣らない水準になった一方で、近年では少子高齢化による人口減少、製造業の海外移転による地元経済の停滞などが顕在化し、他の市町村同様、施設の老朽化による維持管理経費の割合が増加、「経常収支比率」が上昇し、特に、1990年代以降は75％を超える年度もあった。今後ますます、施設の維持管理にかかるコストの低減、や「集中と選択」などの工夫が必要になると著者は考えている。

5. 榛村純一のひととなりと三大施策

1) 経歴

　本章では榛村純一による掛川市政28年間を評価するために、まずひととなりと榛村が提唱した三大施策について述べる。1998年に、当時の榛村市政を評価した新聞記事（静岡新聞1998（平成10）年1月26日付）が掲載された。その記事には、「今後のまちづくりのモデル、目標としたい自治体」を全国首長に選んでもらっている。地方分権を進めるには、地方自治体の独創的、積極的な取り組みがこれまで以上に求められている。（以下略）
　というのが記事の要旨である。その結果、掛川市がトップ、宮崎県綾町が2位に入っている。
　掛川市を推したのは22の自治体の首長で、静岡県掛川市は全国に先駆けて生涯学習の実践に取り組み、土地利用計画の策定に市民参加を促すなどまちづくりの市政を評価されている。ちなみに3位、4位、5位には大分県湯布院町、広島県御調町、東京都武蔵野市が入っ

ている。

　榛村は、著書「まちづくりの極意」（1998: p119）で、「政治はめぐり合わせで、市長として長く続くか続かないかは、運が6～7割は占めると言われる。私の20年も波風立ててきたが対抗馬もなく、長生きしたことは運が幸いしたと言える。その幸運の内容を述べると、自分から手を挙げずに43歳で市長に推されたことは、亡父（榛村専一）が村長、掛川市長（1959～61年）の七光りと、古い地主の15代目という先祖の余徳であった。親の七光りは強すぎると日射病になるが、余徳は落ち着いた支持を与えてくれる」と回顧している。

　ここから具体的に榛村の市政について、できるだけ榛村市長の内面まで掘り下げて述べていくことにする。また、榛村純一が掛川市長就任後、心血を注いで駆け足で進めた三大施策や生涯学習運動についての先行研究を紹介して議論を深めていく。

　まずは榛村の主な経歴を以下に記す。

＊

榛村純一（しんむら　じゅんいち）
　本籍地（現住所）静岡県掛川市上垂木
1934年 S9/7月12日　掛川市生まれ、掛川市立桜木小・中、静岡県立掛川西高卒
1960年 S35/3月　早稲田大学文学部卒業
1961年 S36/9月　家業の林業従事
1963年 S38/4月　オールスタッフ（株）[6]取締役専務
1963年 S38/10月～2013年 H25/7月　掛川市森林組合長
1968年 S43/6月～1977年 S52/8月　静岡県森林組合連合会専務理事
　以後、静岡県森林組合連合会副会長理事、静岡県監査委員などを歴任
1977年 S52/9月～2005年 H17/3月　掛川市長を7期
1983年 S58/10月～2011年 H23/3月　（財）森とむらの会理事長

1986年S61/9月～1987年S62/3月　国土政策懇談会委員（国土庁）

1988年S63/1月～1989年H元/12月　生涯学習施設ネットワーク形成委員（文部省）

1988年S63/7月～1990年H2/3月　文教施設インテリジェント化協力者会議委員（文部省）

1989年H元/7月～1991年3/3月　生涯学習クリエイティブアドバイザー（文部省）

1990年H2/1月～1996年H8/3月　水源地域研究会委員（国土庁）

1990年H2/4月～1990年H2/10月　農村ビジョン策定委員会委員（農林水産省）

1990年H2/5月～1990年H2/12月　森林都市研究会委員（林野庁）

1992年H4/1月～1992年H4/11月　経済審議会臨時委員　生活大国部会（経済企画庁）

1993年H5/3月～2015年H27/10月　静岡県森林組合連合会会長

1993年H5/10月～1995年H7/3月　新経済社会政策研究会委員（内閣情報調査室）

1993年H5/10月～1996年H8/3月　土地政策審議会特別委員（国土庁）

1994年H6/7月～1996年H8/3月　林地問題研究会委員（国土庁）

1998年H10/4月29日　藍綬褒章受章（林業振興功労）

1999年H11/7月～2005年H17/3月　全国地域づくり推進協議会会長

1999年H11/7月～2000年H12/12月　地方都市問題懇談会委員（国土庁）

1999年H11/9月～2001年H13/1月　生涯学習審議会委員（文部省）

1999年H11/11月～2005年H17/3月　全国生涯学習市町村協議会会長

2001年H13/3月～2005年H17/6月　国土審議会委員（国土交通省）

2001年H13/5月〜2003年H15/2月　中央教育審議会臨時委員生涯学習分科会（文部科学省）
2003年H15/8月〜2005年H17/3月　構造改革特区推進会議代表
2004年H16/10月〜2005年H17/6月　国土審議会土地政策分科会委員（国土交通省）
　このほか、下記の第三セクター株式会社の代表取締役社長も努めた。カッコ内は設立就任年
㈱東遠青果流通センター（1980年S55）
㈱これっしかどころ（1988年S63）
小笠山麓開発㈱（1988年S63）
㈱オレゴン生涯学習村（1989年H元）
㈱緑茶人間科学研究所（1993年H5）
㈱森の都ならここ（1995年H7）
　また合併関係では、分権・行革・広域調査会長なども歴任した。
　掛川市・大東町・大須賀町合併協議会長
2005年H17/8月　掛川市名誉市民
2006年H18/11月　旭日中綬章受章（地方自治功労）
早稲田大学客員教授2000年H12/4月〜2003年H15/3月
帝京平成大学客員教授2006年H18/4月〜2009年H21/3月
静岡大学客員教授2007年H19/7月〜2009年H21/3月
東京学芸大学客員教授2008年H20/4月〜2010年H22/3月
2001年H13/12月〜（公益社団法人）大日本報徳社社長
2011年H23/7月〜2016年H28/3月　日本茶業中央会会長
　静岡県茶業会議所会頭
2018年H30/3月7日　逝去（83歳）

＊

　主要な著書
「山とむらの思想」清文社、1979

「地方の時代への模索」(伊藤滋、木原啓吉) 編著、清文社、1979
「地域学のすすめ――(掛川学事始)」第1集、清文社、1980
「可能性の山とむら」(続「山とむらの思想」) 清文社、1981
「今なぜ生涯学習か」清文社、1982
「地域学のすすめ――(掛川学事始)」第2集、清文社、1983、
「生涯学習都市って何やってんの」清文社 1985
「地域学のすすめ――(掛川学事始)」第3集、清文社、1985
「地域学のすすめ――(掛川学事始)」第4集、清文社、1987
「生涯学習最前線」(飯島宗一、石井威望) 編著、清文社、1987
「これっしか文化のすすめ（掛川学事始)」第5集、清文社、1989
「随所の時代の生涯学習」清文社、1991
「小都市の魅力」(伊藤滋、榛村純一) 編著、清文社、1991
「そろそろお茶の時間」(村松敬一郎、富田勲、榛村純一) 編著、ぎょうせい、1992
「掛川城の挑戦」(榛村純一、若林敦之) 編著、静岡新聞社、1994
「分権の旗手――飛躍する小都市」ぎょうせい、1995
「まちづくりと生涯学習の交差点」(大西珠枝、榛村純一共著) ぎょうせい、1996
「わがまちの活性化戦略――生涯学習都市経営のキーワード」清文社、1997
「まちづくりの極意――生涯学習二十年とこれから」ぎょうせい、1998
「森と木と清流の文化」清文社、1998
「もっとも長い塩の道」(竹内宏、渡辺貴介、榛村純一) 編著、ぎょうせい、1998
「よみがえる二宮金次郎」清文社、1998
「市場経済を組み替える」(内山節、鬼頭秀一、大熊孝、榛村純一) 編著、農山漁村文化協会 1999

「分権と変革の都市経営——都市計画家たちの都市論と掛川論（伊藤滋、榛村純一、戸沼幸市）編著、清文社、2000
「緑茶文化と日本人」（熊倉功夫、榛村純一、杉山公男）清文社、2000
「東海地震いつ来る　なぜ来る　どう備える」（土隆一、榛村純一編著）清文社、2002
「家族を守りぬく東海地震講座」（土隆一、榛村純一編著）清文社、2005
「生涯学習まちづくりは村格・都市格へ」清文社、2007
「森林と報徳と温暖化と」清文社、2007
「報徳ライフのすすめ——二宮金次郎からTPP東日本大震災まで」清文社、2011

　　出典：(https://shinmura.jimdo.com/ プロフィール / 榛村純一ってどんな人 /、最終閲覧日2018年2月2日)

　　榛村純一氏　旭日中授章受章記念式典（2007年3月25日）資料「市民と共に歩んだ生涯学習まちづくり」抜粋

　　名誉市民　故榛村純一氏　お別れの会資料（2018年5月31日）

　このように、榛村市長の経験からみえてくることは、若い時代には土着のローカルな役目を果たすとともに、掛川市長としての任期を重ねる1986年ごろから、国家政治の視点に立った仕事を経験していることが特徴であるといえよう。同時に、自分自身の経験に基づく考えや計画を書物として現し、経験を単に自分自身のための暗黙知としないで、経験や考えを整理し他人に訴える形式知としていることに注目したい。

2）夢の始まりと三大施策へ

　ここから具体的に榛村の市政を述べていくことにする。

「夢のはじまり」の夢とは何か。著者が担当責任者として関わった、1989年発行の東海道新幹線掛川駅建設記念誌の題名は「夢から現実への諸力学」である。ここにも夢という言葉が含まれている。また、新幹線掛川駅30周年記念式典（2018年3月13日）の折、直前に逝去してかなわなかった榛村の講演レジュメにも、［理念・志・夢］という言葉が出てきている。榛村は、自分の生き方や市政への思いに、それほどまでにも「夢」にこだわっていることがわかる。

　さて、それではこの夢という言葉は榛村だけが唱えたのであろうか。著者は、掛川市民は市政に対して夢という概念はあったのだろうかと考えてみる。

　前述のように、掛川市は江戸時代から城下町、宿場町を歴史的背景に、明治以降も、茶の文化、報徳文化、ため池・谷田文化を育んできた。しかし、第二次大戦後は「県政の谷間」（静岡新聞1988（昭和63）年3月12日付、4月4付、1998（平成10）年3月12日付）と他市町村にやゆされるほど掛川市は地盤沈下していたが、市民の多くはそのことを危機感として共有していなかったと推測される。

　榛村市長の登場により、潜在する危機感が市民の前に公開され、議論する場を与えられた。議論するうちに今、市民は何をすべきかを鮮明にしていく。簡単にいえば、市民も夢とはマイナス条件をプラス条件に転換することだったと悟るのである。

　しかし、その夢はあまりにも遠くにあった。市民は榛村に触発されてそこで立ち上がった。市民が変われば地域も変わる。地域を変えるには、その夢を何としても実現することだと思った。榛村市長の夢と市民の夢、地域の夢が合体したのだと著者には理解できる。新幹線掛川駅南口広場のモニュメント「合体」もそうした意味がある。

　著者は、当時の山積したマイナス条件と言える掛川市の現実的課題を解明して、榛村市長はいかなる政治手法でプラス条件に転換すべく、努めたのか明らかにしたい。市民や議会との合意形成を図り、周

辺市町村、県、国、民間を巻き込みながら幾多の困難に立ち向かうことが必要だっただろう。そのような過程をたどり、全国的に注目されるまちにしていったのかを考察し、評価していく。

榛村は、著書『いま、なぜ生涯学習か』1982、p72でこう述べている。

「私はふとした機会に、ユネスコのラングラン[7]の生涯教育論を読んでこれからは、この考えを地域づくり、人づくりに取り入れる必要があると思った」

また、榛村市長の著作『生涯学習まちづくりは村格・都市格へ』2007、p71～p72で市長立候補への動機をこう述べている。その時期は、1970（昭和45）年であり、静岡県森林組合連合会の専務理事に就任して3年目を迎えていた。その年の前半が市長出馬以前の榛村の活動時である。

以下少し長いが引用する。

＊

――南アルプスの3,000m級連山から大井川は流れ出る。その渓谷部に旧井川村（井川村は1969（昭和44）年1月1日に静岡市に編入）という人口2,500人の山村があり、そこの総会に1967（昭和42）年から毎年出かけることになった。

3年経過した1970（昭和45）年、一つの提案をまとめ、そこの青年たちや中堅層を集めて住民生涯学習大学運動を始めた。この運動は、青年達の活動によって静岡県井川支所や旧村長・旧村議会議員等を刺激し、一定の成果を上げたが、役場幹部や村のボス等に対する批判勢力にもなり、私としては限界を感じることもあった。

一方林業界としては自立林家が、まとまって行動するために静岡県林業会議所というシンクタンクを設立した。私は県森連と林業会議所の二つの専務理事を兼ねることになり、林業と森林組合と林政推進の理論武装を早急にするため、森林・林業・山村の地域づくりの施策を

体系的にまとめる大調査委員会を組織した。

　予算的には全国総合開発計画の調査調整費を国土庁総合計画局長の下河辺淳氏にお願いし、調査委員長に農水省のドンといわれた東畑四郎農林水産技術会議会長を担ぎ、委員には八十島義之助東大教授、鈴木忠義東工大教授、高橋裕東大教授、伊藤滋東大教授、石川英夫農村企画委員会専務（いずれも当時の役職）等々に加わってもらった。

　この調査委員会が大井川から天竜川へと調査対象を移した頃、地域づくりを理論化したと評判になり、1977（昭和52）年、掛川市長が病で急に引退されると、運良く市議会多数派から後継候補に推された。いわく、「よそのまちの過疎対策やまちづくりをやるくらいなら、自分のまちでやったらどうか」とすすめられたわけで、激しい選挙もなく掛川市長に就任した――

　次に、1977（昭和52）年9月に43歳の若さで当選した榛村市長は、当選時の所信表明で下記のように述べている。

　――このたびの選挙に関しましては、市民各位から寄せられたいろいろな声と期待に対しまして、責任の重大さを痛感するものであります。まず現今の時代認識でありますが、70年代～80年代にかけては、明治維新前後にも比すべき大転換の時代と考えるのであります。

　掛川市の現状と将来に関する、認識およびそれに取り組む私の覚悟を申し述べます。

　活力ある町づくりをする場合、いかなる価値基準を持ってプラス条件（いい点）と考えるか、マイナス条件（欠点）と考えるかは、長所は短所であり、短所は長所ともなりえるわけですから、はなはだむずかしい問題でありますが、話をわかりやすくするために、一応、プラス面、マイナス面に分けることにいたします（図5-1、表5-1、表5-2）。

　まずプラス面としましては、次の5点が考えられるかと思います。まず、第一に市面積が広く「磐田市の3倍、焼津市の4倍」、緑豊か

で、可住地・住宅用地もかなり多いこと。つまり空間が大きいことは、スペースデザインが豊かにできることであります。

　第二に農（林）業・商工業とも、何でも一応一揃いあり、バランスのとれた構造、バラエティに富んだ構成になっていること。

　第三に1,300年の宿駅、500年の城下町、無数の考古学的遺跡を持つという歴史の古さがあり、伝統への愛着、郷土愛の強い市民性があること。

　第四に、明治年間に比べれば、弱まったとは言え、まだまだ東遠州・小笠の核都市で機能を持っていること。

　第五に、東海道メガロポリスの中央に位置すると共に、東名・新幹線など、主要交通施設が通過し、レクリエーション機能都市として整備しうることなどであります。

　これに反し、マイナス面と思われるものは、自然条件に由来するものとして、近代産業が興るための水資源、「しわ」の多い山林地形という、および中小河川の洪水の多いこと、水質・地耐力の悪さなどがあげられます。

　次に、歴史的条件に由来する欠点として、掛川地方が早く開けたため、また宿場町・城下町として早く成熟しすぎたため、かえって構造・農村集落構造・市民の精神構造・土地の所有構造において、非近代的な固定化・細分化が強かったこと、それゆえに、商業資本が産業資本に脱皮発展しにくく、市民の消極性、企業の零細性ともなり、設備投資に関する手詰まり状態、沈滞ムードを現出しているのではないかということであります。

　また一方、掛川一区が選挙の一区と三区の境目（図5-1）にあり、明治100年以来、静岡市と浜松市という東西の求心力の強さにひきさかれ、政治収支の赤字、または政治力の低落傾向に陥りやすいという位置的条件も考えられます。このため、新幹線も東名高速も、南北を遮断するだけの存在となっております。

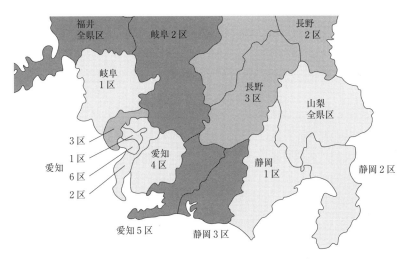

図 5-1　衆議院選挙区（1947～1993）
出典：旧中選挙区区制 中部地方：第 40 回総選挙（1993.7.18）(http://www.tt.rim.or.jp/~ishato/tiri/senkyo/kuwari/93tyubu.htm、最終閲覧日 2018 年 8 月 2 日）

表 5-1　1975 年（昭和 50 年）静岡県市町村別人口・世帯数・面積・林野面積

区分	世帯数	人口総数	面積 (km²)	森林面積 (km²)	森林率 (％)	1975 年（昭和 50 年）との比較人口		
						1970 年（昭和 45 年）人口	増減数	増減率
静岡県	868,356	3,308,796	7,730.30	5,005.90	64.8	3,089,895	218,904	7.1
市部	683,223	2,551,742	3,645.27	2,106.84	57.8	2,360,175	191,567	8.1
静岡市	126,139	446,952	1,145.96	900.12	78.5	416,378	30,574	7.3
浜松市	125,710	468,886	250.32	29.53	11.8	432,221	36,665	8.5
島田市	16,563	68,882	130.75	69.93	53.5	66,489	2,333	3.5
磐田市	17,244	67,665	64.35	5.73	8.9	63,002	4,663	7.4
焼津市	23,677	94,102	44.41	4.50	10.1	82,737	11,365	3.7
掛川市	**14,576**	**61,731**	**186.05**	**101.21**	**54.4**	**59,153**	**2,578**	**4.4**
藤枝市	21,902	90,356	141.98	64.60	45.5	78,750	11,606	14.7
御殿場市	15,184	62,722	198.59	107.64	54.2	55,997	6,725	12.9
袋井市	10,288	42,581	78.74	27.09	34.4	38,999	3,582	9.2
天竜市	6,459	26,447	181.85	149.70	82.3	27,716	△1,269	△4.6
浜北市	15,706	67,180	66.45	14.88	22.4	59,592	7,588	12.7

資料：国勢調査　　出典：世界農業センサス静岡県統計書

そして、以上の諸条件が果となり因となって、自主財源の乏しさ、自己資本の不足、有為人材の流出ということになっていると考えられます。

　私は、これらのことを非常に残念に思い、今後、できるかぎり掛川市の復権に全力投球で挑戦してみたいと思うものであります。もちろん、一挙に面目一新することなどできようはずもなく、先にあげました掛川市の諸状況から考えますと、山積する問題を一つ一つ解決していくのに精一杯でありましょう。

　しかし、私は、与えられた条件の中で市政を行うのではなく、いい条件をつくっていく市政を展開する事が大切である考えるものであります。幸い、市民の皆様の共感を得られたかと思いますので、やや長期的に見て、あるいは10年後の姿を想定して、今何をしておくべきか、いかなる準備を始めるべきかを、よく見極めることからスタートいたしたいと考えております。（中略）

　地方自治体の機能には、企画調整する機能・事業主体となる機能・維持管理する機能・サービスする機能と4つあるといわれておりましたが、最近では、人づくりの機能、教育指導する機能がこれに加えられるべきものと考えます。地方自治体こそ、住民全体の生涯大学ともいうべきものと考えています。（中略）

　そして、学び続ける生活態度を持った品性の高い市民を一人でも多くつくり、生き甲斐のある、誇りの持てる、連帯感あふれる地方都市掛川を建設したいと考えるものであります。（中略）

　各論につきましては、市民の皆様および職員と充分ヒアリングしたうえで、11月までにこれをまとめさせていただきたいと思っております――

　ここまでが榛村市長の当時の所信表明である。

　この所信表明を元に、当時の掛川市の課題（プラス条件マイナス条件）を表形式にまとめたものが表5-2である。榛村の政治手法の原点

表5-2 掛川市のプラス条件・マイナス条件

＜プラス条件＞	＜マイナス条件＞
①市の面積が広く緑豊か	①維持管理にお金がかかる
②農林業、商工業など何でもある	②突出したものがない
③周辺都市の中心性と静岡市、浜松市からの独立性	③近隣都市への労働・産業人口の流失
④歴史と教育伝統の豊かさ、人材豊富	④市民の消極性、活性化が貧困
⑤日本の大動脈が通過、東京、大阪の真ん中	⑤大動脈が、市の南北交通を遮断し騒音をまき散らすだけ

発想の転換

が、ここにあるといえよう。かくして世紀の夢の始まりは、これらの具現化によりスタートするとみなすことができよう。

3) 新幹線駅の設立、モデル定住圏、生涯学習都市

榛村市長は、1977（昭和52）年3月の所信表明の最後の部分で予告した「各論」は、以下の3つであり、これらは『三大施策』と呼ばれることとなる。三大施策には、表5-3に示すように施設整備も意図されていた。

1. 新幹線は、南北交通を邪魔しているだけ、やかましいだけ、通過するだけのマイナス条件なのでプラス条件に転換させるための新幹線掛川駅設置運動を開始する。これにより掛川市の行財政・経済・文化の停滞性の悪循環を打破し、政策展開・投資行動の面で良循環の流れに変えていくこととする。

2. 折からの三全総[8]（第三次全国総合開発計画）の定住構想[9]が閣議決定されることになったので、東遠地域を全国10箇所のモデル定住圏に指定してもらう運動を開始するとともに、教育・文化・医療・福祉・安全・レクリエーション・雇用等について高次都市機能をそなえるべく、掛川市をドックに入れ、治水、道路交通、農業、都市工

表 5-3　三大施策の施設整備

三大施策	施設
①新幹線掛川駅設置構想	新幹線掛川駅設置、駅前広場、駐車駐輪場
②定住構想	中央生涯学習センター、東遠カルチャーパークとその施設内の総合体育館（さんりーな）
③生涯学習運動「市民総代会システム」	20カ所の小学校施設内への地域生涯学習センター設置（三層建て生涯学習ネットワークの第二層部分）

学、レクリエーション、医療・福祉、教育、財政の8部門学術調査を実施することとする。

3. 市民対話を徹底的に行い、問題・課題・要望・ニーズを集計し、生涯学習運動の10項目案[10]あるいは12項目案のテーマとプロジェクトにまとめ、これをタタキ台に都市づくり、人づくりの施策体系を策定し生涯学習都市宣言への準備を開始すること。（後に18項目[11]となった。）

榛村市長の三大施策は発表当時、夢物語、市長就任時の所信表明の総論と同じ、予算の裏付けなし、学者の調査ばかりと批判された。後年、榛村市長は1988（昭和63年）年3月掛川市議会において以下のように総括している。

市議会のみなさんや市民各位や、市職員の郷土愛とご支援のお陰で、表明させていただいたことは、大体実現してきているように思われる。運が良かった面も多々あるが、人の情と郷土愛のありがたさをしみじみと思い、あらためて深く感謝申し上げたい。しかし、マイナス条件としてあげられた諸課題は水不足をはじめ未解決のものも多いので、それらは生涯学習運動パートⅡ、1990〜99（昭和65〜74）年に持ちこし、市民の総力結集の中で解決していかなければならない。

上記のように榛村市長は、市長当選の年末には、早くも東海道新幹線掛川駅設置運動を進める決意を表明している。

ここで次に三全総[8]（第三次全国総合開発計画）に基づく定住構

想[9]および東遠地区モデル定住圏計画について触れておこう。

東遠地区モデル定住圏計画1980(昭和55)年3月策定[12]の基礎は、1977(昭和52)年11月に策定された三全総[8]（第三次全国総合開発計画）の主題「自然環境・生活環境・生産環境の調和の取れた人間居住の総合的環境を整備し、特色と魅力有る地域をつくりあげ、若年層の地方への定住を促す」という定住構想にある。

そして定住構想を推進するためのモデル圏域として、1979(昭和54)年度に全国の40圏域を国土庁が選定した。静岡県の東遠地区もその一つとして、県および関係市町が一体となって、モデル定住圏計画を策定し、選定された。

いうまでもなく、定住構想[9]の実現のためには、地域が必要とするすべての施策を対象とする総合的な推進計画でなければならない。そして、この定住構想の推進計画においては、特に地域づくりのために戦略的な役割を果たす「特別事業」を選択し、重点的な推進を図ることとしている。

東遠地区モデル定住圏計画の策定にあたって、国等への当初の要望事項として、東遠地区が特別事業の項目に挙げたのは、①新幹線駅の設置②定住圏センター等の教育、文化機能の立地③雇用促進のための産業再配置④海洋レクリエーション地帯の総合整備に係る4項目の調査であった。

そして東遠地区がモデル定住圏に指定されたことにより、①から④の要望事項が次々と実現されることになる。圏域の1市7町には定住構想策定に調査費の支援があった。

①の新幹線掛川駅設置は、新幹線掛川駅として1988(昭和63)年3月13日に新総合交通拠点として開業した。時は前後するが、②の定住圏センター構想は1983(昭和58)年4月に1市7町の教育、文化機能の拠点として中央生涯学習センター（運営主体：掛川市）として、実現する。その際、建設費には国土庁から1億円余の補助金が支

出された。②の一環として、2003（平成15）年10月には東遠カルチャーパーク（掛川市）内に総合体育館「さんりーな」（運営主体：掛川市）もオープンしている。

　著者は、②の中央生涯学習センター完成後、会計検査院の監査に立ち会ったが、地方の小都市の割に利用者数が非常に多くて驚いていると、お褒めの言葉があったことを思い出す。それほど掛川市では、市民会館などの文化施設が近隣市町に比較して貧弱であったため、市民の学習センターに対する期待は大きかったのである。

　モデル定住圏構想の推進により、榛村掛川市長の進める三大施策、「新幹線掛川駅設置運動」「定住構想」「生涯学習運動（市民総代会システム）」が相まって実現していったと解釈できよう。すなわち、榛村市長は、新幹線掛川駅設置を目的にして、生涯学習運動を手段、定住構想を利用して、巧みに相乗効果を上げながら、国鉄（JR）・行政・近隣市町村・県・市民・企業・団体を巻き込み、新駅設置までの期待と不安を込めた長くて険しい約10年間の道程を成功させたのである。

　生涯学習都市宣言に至るまでにも道のりがあった。新田・望月（1986）[13]は、「1978（昭和53年）年4月に、『掛川学事始めの集い』が市民700人の参加のもとに開催され、『生涯教育の出発』が宣言され、『生涯学習都市宣言』が出される79年までの2年間に6回の中央集会が持たれた」と書いている。そして、その6回の中央集会の合間に市民からの要請により実施したミニ集会は何と400回以上出席していると、新田・望月は市民の熱意と榛村市長の努力に驚きを持って述べている。

　このことを、著者の榛村へのインタビュー（2017・12・15）に対し「市長が生涯学習運動など市の政策を一方向に通過させることではなく自然的に対話集会（双方向）になったことが理想的であった」と回想している。そして榛村市長は生涯学習都市宣言後、直ちに全市的に

進める対話集会を、「市民総代会システム」として構築していく。それは、後に「三層建て生涯学習施設ネットワーク」として完成されるのである。

次に、榛村市長の提唱した掛川市の生涯学習、市民総代会システムについて各論文等から考察していく。

新田・望月（1986: p95）[13]は、生涯学習運動の10項目のうち「市民総代会システム」は、「三全総」の目玉である住民の「合意」と「参加」によるコミュニティづくりの最も重要な方策として注目される、と述べている。すなわち、「都市経営における最も大切なことは、住民自治力・内発力の養成であり、一定のまとまりのある意見を形成することであり、行政と住民自治区との境界に、信頼される広報広聴討議システムを確立することであろう」という観点から、「135ある自治区の三役さん全員を『市民総代』として委嘱し、毎年4月に中央集会、毎年10月に16の小学校別の地区集会を行って、住民の意見・要望・苦情・アイディアを聴取」するというものであり、「宣言」の発表された1979（昭和54）年の7月から開かれていたと述べている。

これらのことから、榛村の生涯学習運動は、従来の工場誘致を中心とした地域「開発」型行政に代わり、「住民参加」によって「地域連帯感」と「住民の合意」を育成するものであった。住民の意欲を「地域開発」に投入させることが『三全総』下の「生涯教育——地域づくり」政策のねらいであったことが理解できる。したがって、教育が「地域問題」、あるいは「社会問題」としてますます重要視されることになっていると思われると、新田・望月（1986: p92）[13]は、榛村のまちづくりを、これまでの行政主導から住民参加によるまちづくりへの転換として捉えている。

榛村市長は、三層建て生涯学習施設ネットワーク[14]をすすめるに当たって、どのようにハード対策を実施したかを語っている。以下

に、榛村市長の言葉を述べる。「第一層が 207 ある集会所、公会堂を整備すること、第二層目が小学校 16、中学校 6 つ、その他学区の人たちが集まる施設をつくること、特に小学校の校庭内に地域学習センターをつくること。そして第三層目に全市民が集まるところとして中央生涯学習センターをつくること。そういう生涯学習施設ネットワークを地震対策と兼ねて約 140 億円かけて形成した」(榛村 1986『まちづくりの極意』p6 ～ p7)[15]。

　小・中学校の地域生涯学習センター化事業は 1981(昭和 56)年度の日坂小学校での実現に始まり、「生涯学習」政策下での公民館活動や「地域生涯学習運動」も徐々に展開を見せ始めている。ただそれに次ぐ「第一層、二層」の全面的な展開や「ネットワーク化」は今後の課題といえると、榛村市長が述べている。この点については、1980年代初頭は市民そのものが生涯学習に馴染みが薄かったのだ。時に生涯学習は「竹藪学習」といわれ「上の方でザワザワしているだけ」と皮肉られもした。しかし、榛村市政 28 年間、三層建てネットワークは絶え間なく継続され、その後今日まで継承され、「ようやくタケノコが生えてきた」と市民の誰もが承知のことであったと著者は理解している。

　井上は「生涯学習のまちづくりにおける課題と展望」(1995: p15)[16]において、生涯学習まちづくりは、企画の段階からできるだけ主体である住民の考えが反映されるシステムが採用されるべきで、実質的に住民の意思が具現化しやすい推進体制の整備が求められなければならないと述べている。井上が述べている住民の意見が反映される生涯学習システムとは、榛村が三大施策としてスタートした市民総代会システムにほかならない、と著者は考える。

　赤尾 (1998: p188, 189)[17]は以下のように指摘している。市町村段階では、1996(平成 8)年 11 月現在、107 市町村が「生涯学習都市宣言」を行っている。最初に宣言を行ったのは、1979(昭和 54)年 4

月の静岡県掛川市である。同市の場合、高度経済成長が林業を見捨てた事に対して、まちおこしの手段として生涯学習を利用したのである」と言っている。

さらに、赤尾（1998: p188, 189）[17]は、生涯学習まちづくりという視点は、1987（昭和62）年の臨時教育審議会第三次答申のなかに「生涯学習をすすめるためのまちづくり」という一節に見ることができると述べている。この一文は地域政策の一環として生涯学習が位置づいたことを示しているというのだ。換言すれば、生涯学習が地域おこしの手段にされる側面をも有したということであると方法論を説明している。

また、著者が特筆すべき点は、榛村による「生涯学習によるまちづくり」は、三全総[8]の閣議決定（1977年11月）、臨時教育審議会答申（1987年）よりも早く、地域政策として積極的に進めて行こうとする。その先見性は特筆される。

赤尾が述べている、「まちづくり」は、その後の1999（平成11）年の国の生涯学習審議会答申では「生涯学習のための」まちづくりから「生涯学習による」まちづくりへと意識の転換が必要とされていく。この答申をさかのぼこと22年前、榛村は新幹線駅設置のために生涯学習運動をすすめたのは、まさに目からうろこである。掛川市民だれもが聞きおよんだことのない「生涯学習」を市民総代会地区集会で地方小都市掛川の榛村市長が語り始めていたのだ。

新田・望月（1986: p95）[13]は「中東遠長期計画」など市政の広域化とともに榛村が住民の学習活動と直接的なつながりを必ずしももたない生活や交通、さらに、産業活動等の基盤整備事業＝一般行政を、「市即生涯学習」のスローガンのもとに結合（調和）させようとした点に注目しなければならないと述べている。

さらに、今ひとつ注目されるのは、「フェミニズム市政」など個人の婦人の市政参加の重視である。「婦人会活動の中で、市政の学習を

スローガン」に1980（昭和55）年から年2回開催されてきている「婦人議会」の活動は特徴的である。「住民活動を巻込み、『参加』と『合意』の手順を通して地域活動の担い手（ボランティア）としての組織化をめざす」ことにおいて、相当の成果を得ている例といえよう」と新田・望月は評価している。

　あけぼの（掛川市婦人議会10周年記念誌p5）で榛葉石子氏は、婦人議会発足の思い出を次のように回想している。「生涯学習推進の一環として掛川市婦人議会を計画しました。地方自治のあり方を学習して、わがまち掛川市の未来を婦人の立場から考えて見ようとおもいました。具体的には婦人会活動をすすめてきた過程で、市政に対する要望や、日常生活のなかから婦人ならではの意見を出し合って、掛川市のよりよい未来像を見つめ合いたいと考えました。こうしたことを為すことによって掛川市にマッチした婦人会活動をすすめるとともに、婦人会をPRしたいと思いました。また、市政と市民生活の関連を常に意識して、市民の立場から市政をアドバイスする市民になりたいと思いました」1981（昭和56）年2月6日。

　今日では珍しくないが当時は、全国にもまれな活発な女性活動として紹介されたのである。著者が思うに、この新たな婦人議会の設立が婦人（女性）の市政に興味・参加・学習・推進するきっかけとなったことが、新幹線新駅設置運動の大きな原動力となったといえよう。

　このように、「生涯学習都市宣言」以降、三全総の施策の中心である「参加」と「合意」の精神は、市民総代会システム、三層建て生涯学習施設ネットワークを形成しつつ、それを利用することで、掛川市にとって最も地域政策に欠かせない喫緊の課題である新幹線新駅設置に向けた運動に一段と拍車がかかっていった。

　後に榛村は、著書『まちづくりの極意』1998: p15（15）で述懐している。「新幹線募金の30億円の話が持ち上がったときも、市民総代会システムが5回転していたおかげで自然に説明会が開けて、その後

特別プロジェクトに55億円ものお金が出たのもそのためと思われる。掛川市民は、市が何をやろうとしているか、どういう問題があるかを承知しているという点では、最も良質な情報を持っているまちだと言えるであろう。」

こうした掛川市における「住民主体のまちづくりシステム」としての地区集会は、中学校の教科書、新しい社会「公民（民主主義とは）」p69[18]に登場する。ここでは、「静岡県掛川市では、『地区集会』が、毎年開かれている。この地区集会では、市側から地域づくりの方針や情報を1979年から、地域の代表者が市長や幹部職員とまちづくりのために話し合う『市民総代会』の場を提供し、地区からは質問や意見・要望が出され、情報交換が行われている。そこで出された意見・要望は、翌年4月の『市民総代会中央集会』で要望などの実現の結果とともに報告されている。今までの市民総代会の出席者総数は、述べ約3万人、出された要望は8,215件を数えている。（2004年現在）掛川市のまちづくりは、住民の高い参加意識に支えられている」。

この教科書にあるように、榛村市政の最大の評価は、住民主体のまちづくり実践の舞台である市民総代会システムの構築にあると言っても過言ではないだろう。

地区の生涯学習センターは小学校単位に設置されている。市民総代会には地区の総代として各区の区長、副区長、会計の三役ほかが出席し、オブザーバーとして小学校長、校区内の園長、郵便局長、農協、および地元の市議会議員なども同席する。会議では榛村市長のレジュメに沿って最近の市政の動き、課題等が報告される。その後地区の要望事項が、いろいろな立場の方から提出される。それに対して行政側は、担当部署の管理職等が答弁するが、すぐ解決できないものはいったん持ち帰って検討した上で冊子にまとめ、翌年の中央集会にて発表する。

さらに、地区集会ではその都度、各層からの意見要望に対して、市

長自らが直接回答することも多かった。そこでの市長と市民との意見のやりとりが絶妙で、出席者に強いインパクトを与えていた。

　このシステムの良いところは、地区集会の議論だけで終わらないことである。地区集会は、掛川市内の各地区で秋までに終了する。市域の全ての地区集会の意見要望が出尽くしたところで、当該年度に予算化できるもの、翌年度予算要望するものなど仕分けができる。またそうした要望は、地区集会で議論してあるので、地区も行政側も議会側もある程度吟味されているため予算化もしやすい。

　そうした市民総参加生涯学習システムと都市経営情報体系（コミュニケーションネットワーク）が車の両輪としてうまくかみ合っているのである。しかし、そうはいってもすべてが解決できるはずもないが、意見要望の進行・在庫管理を徹底することと、毎年、ドブ板管理費として3億円を専門担当員が管理して支出もしていた。このシステムは市民にも好評で榛村市政が28年間続き、今日でも名称こそ「まちづくり協議会」に変わったが、システムは継続され、開始から40年間も続いていることがこのまちの誇りである[19]。

　夢の始まりから三大施策の実現まで、振り返れば、あっという間の日々であった。この三大施策の究極的な目的は新幹線掛川駅設置そのものであったが、生涯学習を進めることで、市民に多くの付加価値をもたらした。それは生涯学習を手段として新幹線掛川駅設置のための募金をすることで市民がわがまちの未来を想像することができたからである。

　新幹線掛川駅の設置について「天の利、地の利、人の利」という視点から整理できよう。天の利とは時代背景である。設置運動期は、まだバブル崩壊前の経済成長期であり、企業や市民から思いもかけないほど多額な寄付があった。今日では恐らく困難であろう。次に地の利である。国鉄としての「のぞみ、ひかり」を増便するための待避駅や地震災害、事故のための中間抑止駅[20]の必要性があった。そこには

掛川駅の有利さ（新幹線と東海道本線が駅を中心に平行に通過しており新駅設置には工事等に都合が良く、採算性もあった）が存在した。そして人の利である。榛村の人脈（応援団）が国、国・県会議員、県、国鉄、大学、周辺市町村と多彩であったことである。また榛村をとりまくインフォーマルなアクターの存在も忘れてはならない。そして最後に決して忘れてはならないのは、市民の協力である。

市民総代会地区集会を重ねる毎に新駅設置の気運は高まり熱を帯び、1世帯10万円の募金にも大多数の市民が賛同した。こうして新幹線掛川駅は完成したのである。このことが市民の駅、大衆の駅、おらが駅と言われるゆえんであろうと著者は思うのである。

4）生涯学習運動と新幹線掛川駅

榛村市政によるまちづくりは、三大施策によって積極的に進められてきたことは言うまでもない。その目的は新幹線掛川駅を停車させることに意義があった。そして生涯学習をまちづくりの一環として新幹線掛川駅を実現することに成功したことは、市民のまちづくりに自信と誇りを持たせ、さらなる基盤整備に力を傾注していくことになる。首長と議会と市民が一体となり掛川市の夢が広がっていったのである。

その市民の原動力は、当時はまだ珍しかった移動市役所ともいうべき市民総代会システムの確立だった。では、市民総代会は「住民主体のまちづくり」を反映していたのか、それとも「市長の独自の押しつけ」にすぎなかったのか。先行研究などを紹介しつつ考えてみたい。

新田・望月（1986: p97）[13]は、「今日、いっそう深まりつつある地方財政危機の下での諸施策、事業の展開が、新幹線新駅にともなう寄付をめぐる問題に示されたような住民負担の増加や意見対立をいかに克服していくのか、また「生涯学習」政策の中に組み込まれることに

よって解消しかねない社会教育、さらに学校教育の基本的役割・独自性は、住民の「学習の自由」のあり方もかかわってどう保証され、確立されていくのか等、今日の社会教育をめぐるより基本的な課題に対する対応が今後の掛川市政にも問われてくると言えよう」。

新田・望月は、掛川市では、市長の強力なリーダーシップにより、「地域づくり」をめざす住民の学習課題が先取りされ、行政的課題に吸収・組織されていくために、従来の「地域づくり」運動と見分けがつかなくなってきている。したがって、社会教育事業が行政課題に向けての「社会強化」事業にならないように、地域住民の「主体」が充分に発達しつつある「地域づくり」運動をどうおこしていくかということが、同市の経験が私たちに投げかける課題であると思われる、と警鐘を鳴らしている。

赤尾[17]も新田・望月の評価を極めて妥当であると述べている。

田中雅文（日本女子大学教授）は「全国市町村生涯学習協議会アドバイザー会議2003年」で、「1988（昭和63）年、文部省に生涯学習局（生涯学習政策局）が設置されて以来、生涯学習推進にとって大切なテーマは個人の自己実現であった。そのため、『生涯楽習』『生きがい学習』といった造語まで生まれ、とにかく人々に『楽しく生きがいを持って学んでもらう』ことが生涯学習行政の大きな課題となってきた。ところが、まちづくりは行政への住民参画の必要性がクローズアップされるにともない、地域や社会のあり方を考え、提案し、さらに行動を通して明日の地域・社会を創っていくための学習が注目されるようになった。生涯学習審議会が1999年に提出した答申『学習の成果を幅広く生かすための方策について——』でも、まちづくりのための学習が強調されており、それまで浸透していた『生涯学習のためのまちづくり』という考え方から、今後は『生涯学習によるまちづくり』への意識の転換が必要であることを訴えている。このように考え方に立った学習は『社会創造型』の学習と呼ぶことができる。自己実

現から社会創造へ。これが生涯学習のキーワードになりつつある」と解説している。

　1992（平成4）年の生涯学習審議会答申「今後の社会の動向に対応した生涯学習振興策」によれば、生涯学習と取り巻く環境は「科学技術の高度化、情報化、国際化、高齢化の進展により、急激な変化を遂げつつある。そのことが、人間の生き方、価値観、行動様式が、時代の要請するものとそぐわなくなっている。（略）人々が社会生活を営む上で、理解し、体得しておくことが望まれる課題が増大している。ここで言う現代的課題とは、このような社会の急激な変化に対応し、人間性豊かな生活を営むために、人々が学習する必要のある課題である。（略）この答申が出されたのは平成4年で、18年以上も前の課題であるが、現在もなお課題であると考えて良いだろう。しかし、生涯学習（理念の普及）や生涯学習社会（実現）なども現代的課題であることは間違いないのだが、この答申では列挙されていない。生涯学習の意義や本質から見れば、生涯学習は「手段」であり、「目的」ではないことから明らかであろう。そもそも、『現代的課題』で取り上げられたのは、人々の生涯学習ニーズとして趣味やスポーツ等に関心が高く行政施策としてもそれらに迎合する傾向があることから、もっと公共性の高い課題（現代的課題）の学習活動をしてもらいたいとの期待であって、それが審議会への諮問理由の一つであった。もともと、こうした学習課題こそ社会教育本来の課題であり、社会教育行政の存在理由の一つとなるものであろう（鬼島 2010「まちづくりの諸相と行政計画——生涯学習まちづくりの効用と限界」）。[21]

　さらに、鬼島によると、掛川市に教育長として出向した大西珠枝は回想録『まちづくりと生涯学習の交差点』1996: p281[22]の中で「先にまちづくりがあって、まちづくりは人づくり、人づくりは生涯学習という発想で市行政すべての面で生涯学習が強調されるとき、いつでも、どこでも、誰でも、自ら選んだ方法で学習し、その成果を適切に

評価される社会を築いていくことを目指すという、それまで文部省で私が考えていた生涯学習とは、ややかけ離れている気がする」と述べている。これは、当時の文部行政の「生涯学習の主流」の考え方、つまり「まちづくり」とは「生涯学習のためのまちづくり」を示すものといってよいだろうと、鬼島は述べている。

その他、生涯学習理念をめぐるいくつかの著述を見ておこう。「生涯学習まちづくり」の定義的な論述の例として、蛭田は『新生涯学習概論』[23]の中で「生涯学習という理念を具体化するための基本的施策であり、地域にある人的・物的な教育資源を整備し、地域住民に対してさまざまな学習機会を提供するなど、総合的な支援体制ととらえることができる」と述べている。

さらに、讃岐・住岡らは『生涯学習社会』[24]の中で｛生涯学習社会づくり｝の趣旨について「生涯学習を主軸としたまちづくりでもある。生涯学習か、まちづくりかの二項対立の関係ではなく、生涯学習とまちづくりは一体のものとしてとらえるべきである」と踏み込んでいる。

著者は、こうした論述を踏まえて「まちづくりの評価や課題」を目のあたりにして、生涯学習を通して、新幹線新駅など当時の掛川市の山積する課題を解決して行こうする「掛川市の生涯学習まちづくり」の手法に対しても当時の関係者にインタビューを実施して評価と課題検証を試みる（第7章）。

図5-2は榛村市長が就任し、退任するまでの28年間に、掛川市議会を通して議員が視察にきた件数をまとめたものである。1993（平成5）年から1997（平成9）年は視察件数のピークを迎え100〜120件以上あった。この時期は新幹線新駅が開業、天竜浜名湖鉄道営業開始、東名インター、掛川城天守閣復元、土地条例の制定、市庁舎完成など、全国に話題を広げた時期と重なる。個別に見ていくと、1979（昭和54）年に生涯学習都市宣言後、生涯学習が全国的に話題にな

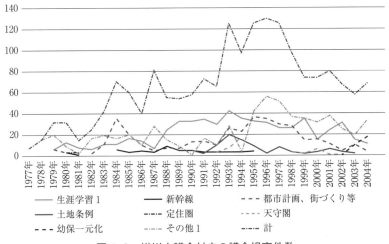

図 5-2 掛川市議会対応の議会視察件数

り、28年間を通して視察が相次ぎ、「視察公害」とも言われたほどであった。著者も新幹線駅の波及効果や生涯学習の視察に幾度も対応したし、講演依頼があれば各地（平戸市、矢板市、安城市、栗東市など）にも足を運んだ。

5）榛村市政を支えた重要人物たち

序論の先行研究でも触れたが、内藤（1999）は「都知事とは何か」で知事の備えるべき体制として、「知事一人がキリキリ舞いをしても、たかが知れている。知事周辺にどれだけのアドバイザーがいるか。それこそが知事の問われる器、力量の大小である」と述べている。

榛村市政28年間は、市長のカリスマ性、リーダーシップ性のみで語れるものではない。そこには、政治をコントロールできるブレーン（知的指導者・アドバイザー）が存在した。榛村は後述する著者によるインタビューで、榛村市政での5人のキーパーソン（榛村の応援

団）をあげている。その5人とは、
①下河辺淳＝国土庁事務次官、総合研究開発機構理事長
②高木文雄＝大蔵事務次官、国鉄総裁
③松浦功＝消防庁長官、自治事務次官、参議院議員（掛川市出身）
④山本敬三郎＝静岡県知事
⑤伊藤滋＝東大教授、日本都市計画学会会長、日本都市計画家協会会長
①～④は官僚で⑤は大学教授である。

　榛村は、この5人のキーパーソンについて、「榛村市政の重要な施策である定住構想、新幹線駅、地方交付税、県の総合的支援、都市計画に大きな役割を果たしてくれたし、新幹線駅設置に影響をもたらした」と、2017年に実施した後述する著者自身によるインタビューで語っている。
　掛川市役所内のブレーンも存在した。榛村は、時々のビッグプロジェクトを推進するため、積極的に国の官僚を国と市のブレーン（パイプ役、助言者）として助役、教育長に招聘した。助役には8名、教育長には2名招聘している[25]。当時の助役の役割は、定住構想推進、河川砂防対策、国道対策、新幹線駅設置推進、都市計画マスタープラン策定、新東名推進など教育長には木造天守閣復元、文化財対策、幼保一元化対策などであった。これらの施策・対策を進める上で、時には県を飛び越えて国と直接交渉することもあった。[26]
　また、榛村は職員からの生え抜きの助役や部長も大切にし、榛村の側近（参謀・右腕）として抜擢した。生え抜きの助役、部長は主に議会対策、住民対策を任せた。
　さらに、榛村は表5-4のとおり、全国規模のシンポジウム、サミットを開催して、大学教授、官僚、関係市町村首長との連携と交流を図り、良質な情報を収集して掛川市の「まちづくり」を進めた。そのこ

とにより全国トップレベルの新鮮な情報を市民は共有し、また静岡県掛川市の存在価値が全国に発信され、大勢の視察者が掛川市を訪問することになった。また、平成6年に開催された「一豊＆千代サミット」がきっかけとなり、関係首長らの陳情のかいあって、平成18年にはNHK大河ドラマ「功名が辻」が放映された。

表5-4　主な全国規模のシンポジウム・サミット

年度	テーマ	主催	講師
1979 昭和54	自然と都市と人間のあり方を求めて	掛川市・日本都市問題会議	伊藤滋・戸沼幸市・木原啓吉ほか
1980 昭和55	日本の生涯学習……学習と研究・討論の集い	掛川市	永井道雄、高木文雄ほか
1983 昭和58	全国モデル定住圏整備推進会議研修会	国土庁・掛川市	田中実
1987 昭和62	生涯学習社会への移行、その展望と戦略	静岡県教育委員会・掛川市・NIRA	下河辺淳・石井威望・飯島宗一・川上源一ほか
1990 平成2	自然環境復元シンポジウム	掛川市・自然環境復元研究会	杉山恵一・桜井善雄ほか
1990 平成2	観光シンポジウム	掛川市	須田寛・鈴木忠義ほか
1991 平成3	国際茶振興シンポ in 掛川	国際茶振興シンポジウム実行委員会	杉村隆・村松敬一郎ほか
1993 平成5	ふるさとレールフェスタシンポ	国土庁・掛川市	岡並木・須田寛・五代利矢子ほか
1994 平成6	一豊公＆千代様サミット	掛川市	橋本大二郎・山内豊秋ほか
1995 平成7	日本海—太平洋塩の道会議	建設省・国土庁・掛川市・NIRA	下河辺淳・竹内宏・渡辺貴介・残間里江子
1997 平成9	二宮尊徳サミット……ふりかえれば金次郎	掛川市	遠山正瑛・神野直彦、12市町長
1998 平成10	全国茶サミット	全国茶サミット静岡大会実行委員会	下河辺淳・佐々木高明・杉山公男・熊倉功夫・小國伊太郎・山本万里ほか
2001 平成13	全国生涯学習シンポジウム in 掛川	掛川市・NIRA・全国生涯学習市町協議会	下河辺淳・西澤潤一・木村孟・森隆夫・残間里江子・内山節ほか
2002 平成14	スローライフ月間 in 掛川	スローライフ月間 in 掛川実行委員会	筑紫哲也・神野直彦・新藤宗幸・工藤裕子・中村佳子・大石芳野ほか

出典：掛川市ホームページ、最終閲覧日2018年9月06日）

6. 新幹線掛川駅の設置運動とその帰趨

　この章では、最初に新幹線掛川駅設置の経緯と、新駅の概要を記述する。続いて、榛村市政とともに新幹線掛川駅設置運動に深く関わってきた、アクター37名を対象にしてドキュメント調査を行った結果について述べる。なおこの調査は、一般市民、周辺市町村の人々、企業関係者なども対象にして行ったが、本章での議論はアクター調査結果を中心に行ったので、記載できなかった人々の結果は本章の最後に簡潔にまとめることとした。

　登場するアクターたちは、出来事が30年前のことであるので、すでに亡くなっている方もおられる。ドキュメント（文献、新聞、雑誌、記念誌、広報など）として記録されているアクターたちが発する言葉は、当時の事情を真摯に発していた。アクターたちの証言を集めた時期は、1979（昭和54）年の「生涯学習都市宣言」時から新幹線掛川駅開業後数年後までの10年間についてである。[27]

1）掛川市の新しい展開

　平成の大合併に続き、本格的な人口減少時代を迎えて、まちづくりが今、大きな課題となっている。大都市の再開発、過疎地の地域活性化など、まちを巡る問題は、常に消えることはない。そうした中で今日、生涯学習のまちづくりを標榜するまち（表6-1）が増えて注目を集めている。生涯学習のまちは、もっぱら人づくりを基盤に生涯学習をかなり意識しているまちのことである。

　生涯学習のまちは、人々が生涯学習のためにあらゆる条件が整っているまちのことである。さまざまな学習の機会があり、その環境も整備されているまちのことである。今そうした生涯学習のまちが、人々の心をとらえている。言うまでもなく首長の理解によって生涯学習の推進は大きく変わる。

　それだけに首長の見識がきわめて重要である。なかでも日本の代

表6-1　生涯学習を標榜するまち（15都市と首長）

分類	都市と首長
生涯学習宣言都市	①京都府亀岡市（谷口義久市長）②静岡県掛川市（榛村純一市長）③長野県茅野市（原田文也市長）④山梨県韮崎市（内藤登市長）
学習基盤が整備されたまち	⑤北海道上士幌町（高橋庄一町長）⑥群馬県太田市（戸澤久夫市長）⑦滋賀県甲西町（植西佐吉町長）
ユニークな人づくりのまち	⑧栃木県国分寺町（若林英二町長）⑨石川県小松市（竹田又夫市長）⑩和歌山県貴志川町（小坂昇町長）
田園都市からのまち	⑪千葉県小見川町（春日吉五郎町長）⑫埼玉県日高町（駒野昇町長）⑬鹿児島県隼人町（宮田守恵町長）
過疎地から挑戦するまち	⑭福島県棚倉町（藤田満寿恵町長）⑮広島県東野町（望月正博町長）

（福留（1991）をもとに著者が作成）
出典：福留強編、協力・全国まちづくり研究会（1991）：『まちを創るリーダーたち』

表・生涯学習推進都市は静岡市と浜松市のほぼ中央に位置する田園小都市静岡県掛川市である、と福留（1991）は著書『まちを創るリーダーたち』[28]の冒頭で指摘している。

2）東海道新幹線と掛川駅の可能性

　1964（昭和39）年10月1日、戦後日本の高度経済成長のシンボルともいうべき東海道新幹線は開通した。東京オリンピックを10日後に控え、日本中が新しい時代へ胎動している時であった。掛川市内を通過する新幹線ルートは約9.1kmであった。1960～61（昭和35～36）年に行われた掛川市内の用地買収では、掛川市は、将来新幹線掛川駅をつくるためにと地権者に協力を要請し、東海道線掛川駅付近のルートとなったのである。

　そして、1965（昭和40）年、当時民間人であった榛村の提案による、小笠国際空港構想運動が開始されようとしていた。1970（昭和45）年6月、橋本運輸相は欧州運輸大臣会議で、東海道メガロポリス・巨体都市総合交通体系としての小笠空港と新幹線掛川駅構想を発表した。さらに翌1971（昭和46）年12月には、竹山祐太郎静岡県知事も貨物空港として同構想を支持している。しかし、この大きな夢も、国は成田空港建設に集中することになり、成田空港建設には多くの難問も山積したので、新幹線掛川駅設置運動は盛り上がることなく、10年以上が過ぎていた。

　しかし、榛村が1977（昭和52）年に市長に就任すると、新幹線掛川駅設置運動の再開をめざし、今度は市長として、長く休眠していたこの運動を推進することになったのである。榛村は市長就任後、即刻、国鉄への陳情を開始した。

　1984（昭和59）年の新幹線掛川駅設置の内示に至るまで、市長の陳情は104回[29]を数えることになる。榛村が提唱した「中間抑止駅

論」は、国鉄技術陣からも強い関心を持たれたことは確かであろう。静岡・浜松の駅間距離 71.5km は、盛岡から博多間で最長である。その「中間抑止論」では防災上や交通上から緊急時の退避などとして掛川駅を設置する意味が強調されたのである。

高木文雄（国鉄総裁）は、榛村市長から「ストップ・ザ新幹線」構想を打ち明けられた時の事情について、『東海道新幹線掛川駅建設記念誌』で次のように述べている。

「私は榛村さんのロマンに魅せられました。なかでも掛川宿が東海道五十三次の丁度ど真ん中にあたり、江戸時代からの要衝であるのに新幹線から無視されているには残念だ、という説得には迫力を感じました。新幹線駅の要望は他所からも少なからず提起されており、国鉄側からみると採算上問題もあることから、少なくとも駅設置のための資本投資相当額の地元負担が前提となると申し上げたところ、『勿論です』との明解な即答で返されたのには、いささか圧倒されました」。

その後 1984（昭和 59）年ごろから、国鉄の赤字ローカル線廃止策が進められることになり、その一方で新幹線ダイヤは、「ひかり」増発を検討する方向に変わっていく。そのため、減便する「こだま」の対策として、停車駅を増やすことにより地域サービスに対応しようとする国鉄の構想も浮上した。これに伴い、新幹線掛川駅はさらに現実味を増すことになったといえよう（毎日新聞 1981・12・5 夕刊）。

一方、1980（昭和 55）年 3 月には、先述のようにすでに 1978（昭和 53）年に指定を受けていた、掛川市をはじめ 1 市 7 町の「東遠地区モデル定住圏整備計画」に、榛村市長のアイデアによって新幹線掛川駅設置計画が明確に位置づけられ、静岡県・掛川市の国等への要望事項として採用された。新しい時代に向けて理想的な郷土形成の上で、新幹線駅の必要性と役割が改めて確認されたのである。

こうして、当時の試算で 98 億円と巨額な設置費用を全額地元負担という条件ではあるが、昭和 60 年から 61 年をメドに新幹線掛川駅を

開業したいという国鉄の方針が示された（毎日新聞 1981・12・5 夕刊）それを受け、新幹線掛川駅の強力な設置運動が展開されていくこととなった。

　そして 1982（昭和 57）年 12 月 19 日には、市民サイドから設置運動を積極的に推進しようと、掛川市議会新幹線駅・二俣線対策委員会委員長山崎巌（市民会議発起人）は「東海道新幹線掛川駅設置推進市民会議」の設立へと向かった（東海道新幹線掛川駅建設記念誌 p16）。

　以下に新幹線掛川駅の計画について、1989（平成元）年当時の掛川市行政資料によって、その概要（出典：東海道新幹線掛川駅建設記念誌）を述べる。

①新幹線掛川駅の概要

　下記のように新幹線掛川駅の設置計画地点は、既存の静岡・浜松駅のほぼ中間点に位置していた。また、当時の東海道新幹線で静岡・浜松駅間の距離は最も長い距離となっていた。この点に、位置的な観点からみた掛川駅設置の有利性があったのである。また、想定された新幹線利用の場合の掛川駅勢圏人口も、60 万人を超えて浜松市人口を上回っていた。

＊

・設置位置
　静岡県掛川市南一丁目一番一号　　東京起点 211.3km
・駅間距離
　掛川駅〜浜松駅　28km　掛川駅〜静岡駅　44km　浜松駅〜静岡駅 72km
・主要都市への所要時間
　掛川駅〜浜松駅　13 分　　掛川駅〜静岡駅　18 分　浜松駅〜静岡駅　31 分
　掛川駅〜新大阪駅　約 2 時間 30 分　　掛川駅〜東京駅　約 1 時間

50分
- 駅勢圏人口　　5市19町1村　　約62万人 1985（昭和60）年
- 想定乗降人員　約6,500人／1日

- 工事延長

工事延長	種類	上り線	下り線
	盛り土	1,796m	1,229m
	高架橋	113m	113m
	架道橋等	89m	43m
	計	1,998m	1,385m
	総延長	3,383m	

- 主要設備・駅周辺施設

主要設備	駅本屋（役務室・高架下・その他）4,605m² ホーム（2面4線相対式）幅5m～7m・長さ410m 旅客上家・エレベーター2基・エスカレーター2基 南方連絡通路幅6m・長さ83m
駅周辺施設	駅北口広場約7,000m² 北口サンクン広場約1,000m² 北口駐車場約1,370m² 35台収用 北口第一駐輪場約910m² 968台収用（鉄骨2階建て） 北口第二駐車場480m² 236台収用 駅南口広場約5,600m² 南口第一駐車場約1,880m² 50台収用 南口第二駐車場約4,400m² 141台収用 南口駐輪場約360m² 230台収用

出典：東海道新幹線掛川駅建設記念誌（p: 132）

6. 新幹線掛川駅の設置運動とその帰趨

・掛川駅舎案内図および断面図（単位：m）2面4線相対式ホーム

〈新駅舎案内図〉

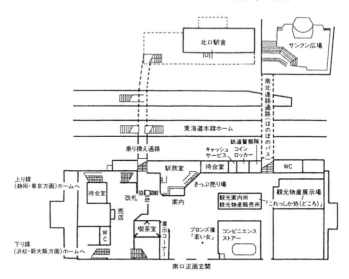

駅部高架橋（断面図）

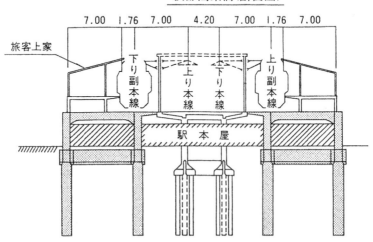

出典：東海道新幹線掛川駅建設記念誌（p: 132）

1984（昭和59）年10月18日に国鉄より示された概算工事費（118億円）を、設備種別と共に東海道新幹線掛川駅建設記念誌の資料に基づいて以下に示す。1983（昭和58）年度単価による。

設備種別	内訳	工事費（億円）
路盤	盛土・よう壁・高架橋等	52
ホーム	ホーム・階段・ホーム上屋	6
駅舎	コンコース・事務室・出改札設備（建築仕上げ・空調機能等を含む）	7
軌道	レール・まくら木・分岐器	11
架線	電柱・架線の増設	10
電灯電力	駅構内の照明・機器への電力供給設備（変電を含む）	6
信号		12
通信		8
CTC指令装置改修		6
合計		118

出典：東海道新幹線掛川駅建設記念誌（p: 54）

　その後、概算工事は2度の変更内示が1985（昭和60）年2月、1988（昭和63）年3月に国鉄より示された。1988（昭和63）年の変更は新駅もほとんど完成し、精算額に近いものだった。駅進入路のカーブポイントで全国でも初めての「緩和曲線内分岐」[30]方式の工事を取り入れたことから、工事費は1985年2月の協定より約15億円減額され、総工費は101億6,100万円と次表に示したようになった。

6. 新幹線掛川駅の設置運動とその帰趨

・東海道新幹線掛川駅新設工事費概算額変更調書
　変更（1回）協定額　11,660,000千円　変更（2回）変更額　10,161,000千円

工事種別	変更協定額 1985年（昭和60年）2月	変更協定額 1988年（昭和63年）3月	比較増減
土木	4,437,800	3,558,000	△879,800
軌道	823,200	604,000	△219,200
建築	727,000	1,140,000	413,000
機械	186,000	140,000	△46,000
電気	3,526,000	2,857,000	△669,000
諸経費等	1,352,000	1,240,000	△112,000
小計	11,052,000	9,539,000	△1,513,000
連絡通路	288,500	273,000	△15,500
諸経費等	41,500	35,000	△6,500
小計	330,000	308,000	△22,000
計	11,382,000	9,847,000	△1,535,000
道路等関連通路	278,000	314,000	36,000
合計	11,660,000	10,161,000	△1,499,000

出典：東海道新幹線掛川駅建設記念誌（p: 102）

・新幹線掛川駅の建設事業実績調書
新幹線駅並びに駅周辺整備事業全体事業費（単位：千円）

区分			全体事業費			
			事業費	国県補助金	他市町村	一般財源
新幹線駅建設事業	県補助対象	協定事業費	10,128,869	3,376.33	1.678.200	5.074.344
		用地費	384,107	128,000		256,107
		小計	10,512,976	3,504,325	1,678,200	5,330.45
	単独事業	用地費	350,795			350,795
		その他	137,191			137,191
		小計	487,986			487,986
	計		11,000,962	3,504,325	1,678,200	5,818,437
駅周辺整備事業	①駐車場3箇所		980,273		諸 45,652	934,621
	②駐輪場2箇所		405,169	103,540	起 64,500	237,129
	③サンクン広場		475,868	27,000	起 241,200	207,668
	④道路3路線		574,220	156,700	起 192,400	225,120
	⑤駅前派出所		50,209			50,209
	⑥駅前広場市単分		84,200			84,200
	⑦これっしか処		137,619	30,000		107.619
	計		2,707,558	317,240	543,752	1,846,566
合計			13,708,520	3,821,565	3,221,952	7,665,003

＊起債（地方債）　諸（諸収入）
出典：東海道新幹線掛川駅建設記念誌（p: 137）

上記の新幹線建設事業費内訳（単位：千円）

区分				総額	
事業費	県補助対象	JR東海負担金		9,818,100	
		市施行事業		310,769	
		小計	A	10,128,869	
		用地費	B	384,107	
		計（A+B）	C	10,512,976	
	補助対象外	用地費及びその他事業	D	487,986	
合計（C+D）			E	11,000,962	
財源内訳	静岡県補助金		F	C×1／3	3,504,325
	関係市町村協力金		G	A×16.5％	1,678,200
	掛川市負担	一般財源	H		4,140,237
		振興協会借入金	I	A×16.5％	1,678,200
		計（H+I）	J	C×55.3％	5,818,437
	合計（F+G+J）		K		11,000,962

出典：東海道新幹線掛川駅建設記念誌（p: 135）

6. 新幹線掛川駅の設置運動とその帰趨

・東海道新幹線掛川駅新設工事費（県補助対象）事業精算額調書（単位；千円）

工事種別	総額	年度区分			
		1985年 (昭和60年度)	1986年 (昭和61年度)	1987年 (昭和62年度)	1988年 (昭和63年度)
用地費	275,185	273,044	2,141	-	-
移転補償費	108,922	108,922	-	-	-
計（A）	384,107	381,966	2,141	-	-
土木	3,558,000	1,370,000	1,665,252	522,748	
軌道	594,000	53,000	84,697	446,303	10,000
建築	1,140,000	51,000	179,235	909,765	-
機械	140,000	-	26,888	113,112	
電気	2,857,000	636,000	1,241,677	979,323	
諸経費等	1,221,100	411,000	395,000	374,000	41,100
小計	9,510,100	2,521,000	3,592,749	3,345,251	51,100
連絡通路	273,000	2,000	77,251	193,749	-
諸経費等	35,000	5,000	25,000	5,000	-
小計	308,000	7,000	102,251	198,749	-
計（B）	9,818,100	2,528,000	3,695,000	3,544,000	51,100
都市側施行道路施設	310,769	170,034	68,561	68,300	3,874
計（C）	310,769	170,034	68,561	68,300	3,874
(B)+(C)	10,128,869	2,698,034	3,763,561	3,812,300	54,974
合　計	10,512,976	3,080,000	3,765,702	3,612,300	54,974

出典：東海道新幹線掛川駅建設記念誌（p: 134）

　新幹線掛川駅建設事業の財源内訳（精算額）は、静岡県が補助対象事業費の3分の1（35億432万5,000円）、周辺市町村（4市19町1村）が16.5％（16億7,820万円）、残りの約55％（58億1,843万7,000円を掛川市が負担することになった。注目されるのは掛川市負担分のうち、最終的には別表で示すように29億5,314万9,898円が市民募金で賄ったことである。

募金総額　20,360 件　29 億 5,314 万 9,898 円

区分	件数	金額（円）
一般個人	19,225	969,703,783
企業	910	1,921,121,090
団体	225	62,325,025
合　　計	20,360	2,953,149,898

出典：東海道新幹線掛川駅建設記念誌（p: 142）

② 新駅開業の経緯

1964 年 S39・10 月	東京——新大阪間に東海道新幹線が開通する
1970 年 S45・6 月	橋本登美三郎運輸相は欧州運輸大臣会議で、東海道メガロポリス・巨帯都市総合交通体系として小笠国際空港と新幹線掛川駅構想を発表する
1971 年 S46・12 月	竹山祐太郎静岡県知事も橋本運輸相の『小笠空港構想』への支持を表明する
1977 年 S52・9 月	榛村掛川市長誕生、新幹線掛川駅設置運動を開始する
1977 年 S52・11 月	榛村掛川市長、市議会において掛川駅構想を発表。新駅設置運動を開始する
1980 年 S55・3 月	国等への要望事項として、新幹線駅設置を東遠地区モデル定住圏計画に盛り込む
1980 年 S55・8 月	1 市 7 町首長、山本敬三郎静岡県知事に陳情する
1980 年 S55・9 月	高木文雄国鉄総裁、現地を踏査。山本静岡県知事・高木国鉄総裁・榛村掛川市長三者会談をする
1980 年 S55・11 月	新幹線新駅設置要望書を、1 市 7 町の連名で、地元選出国会議員・運輸大臣・国鉄総裁に提出する
1982 年 S57・1 月	星野静岡鉄道管理局長、掛川新駅設置の検討を発表する
1982 年 S57・1 月	山本静岡県知事、新幹線掛川駅設置推進を表明す

	る
1982年 S57・10月	1市7町の各首長による新幹線新駅設置の研究協議会が開催される（首長、議会議長を以て掛川市役所内に幹事会が設置される）
1982年 S57・12月	掛川市議会新幹線駅・二俣線対策委員会委員長山崎巖（市民会議発起人）が東海道新幹線掛川駅設置推進市民会議を設立する
1983年 S58・2月	掛川市が新幹線新駅設置推進状況説明会（31市町村）を開催する（於：掛川市平安閣）
1983年 S58）3月	1市7町の首長・議会議長が連名で山本静岡県知事・自民党静岡県連・静岡鉄道管理局に新駅設置促進の陳情を行う
1983年 S58・3月	1市7町の首長・議長連名で、静岡県知事の副申を添えて高木国鉄総裁に陳情する
1984年 S59・2月	掛川市が1市7町の首長に、新駅の概略設計、旅客需要予測調査等につき報告する
1984年 S59・4月	東海道新幹線掛川駅設置推進市民会議総会を開催「目標20億円募金運動」正式に決定する（個人は平均10口10万円、法人は10口100万円が目標）
1984年 S59・7月	15市町村首長・議会議長合同会議を開催する。新駅設置運動の情勢と需要予測調査の結果を報告。実現への協力を要請する
1984年 S59・7月	掛川市長、仁杉巖国鉄総裁・縄田国武副総裁・須田寛常務に面会、早期決定を要請する
1984年 S59・8月	中遠2市5町1村首長会議開催される。情勢報告と共に実現への協力を要請する
1984年 S59・8月	自民党県議の13氏と懇談。経過説明並びに実現に向けての協力要請を行う

新幹線掛川駅決定の懸垂幕を持ち喜ぶ市民会議メンバー（1984年10月）
出典：東海道新幹線掛川駅建設記念誌

1984年S59・10月　東海道新幹線掛川駅（仮称）の具体的設置条件が静岡鉄道管理局より示される。

1984年S59・12月　東海道新幹線掛川駅設置推進市民会議が緊急臨時総会を開催する。募金目標を5億円追加して25億円とする

1984年S59・12月　静岡鉄道管理局長に対し、1984年（昭和59）10月18日の提示案に対する、受諾回答を行う

1985年S60・2月　掛川市の諸要望に基づき、静岡鉄道管理局より概算工事費・116億6千万円の旨、回答される

1985年S60・2月　新駅建設費の債務負担行為を盛り込んだ59年度一般会計補正予算案が市議会で可決される

1985年S60・3月　静岡鉄道管理局と新駅設置の基本協定を締結する

1985年S60・3月　掛川市による新幹線掛川駅関係用地取得が完了する

6. 新幹線掛川駅の設置運動とその帰趨

1985年 S60・4月	掛川市が国鉄岐阜工事事務所と新駅設置の工事協定を締結する
1985年 S60・5月	静岡県知事、掛川市を含めた5市19町1村の首長および所属の県議会議員で構成する総合地域振興協議会設立総会開催。山本知事が会長に就任する
1985年 S60・7月	国鉄岐阜工事事務所掛川工事区が開設される
1985年 S60・7月	新幹線掛川駅建設工事の入札が行われ、5社に決定する
1985年 S60・7月	掛川駅南口広場において、東海道新幹線掛川駅（仮称）建設工事の起工式が挙行される
1985年 S60・9月	新幹線本体工事に着手する
1986年 S61・1月	新幹線に係る道路整備・広域的設備等の整備促進について、総合地域振興協議会が、静岡県並びに県議会に陳情を行う
1986年 S61・2月	市民募金が20億円を突破する。目標の80％を達成する
1987年 S62・9月	JR東海、1988（昭和63）3.13のダイヤ改正に合わせ、東海道新幹線掛川駅の開業を発表する
1987年 S62・12月	JR東海、63.3.13実施の新ダイヤを発表する
1988年 S63・3月	市民募金、目標の25億円を達成する
1988年 S63・3月13日	東海道新幹線掛川駅が開業する

新幹線掛川駅開業式典テープカット（南口：1988.3.13）
出典：東海道新幹線掛川駅建設記念誌

3）新幹線掛川駅設置計画に対する周辺市町村の思惑

　周辺市町村の掛川新駅に対する思惑について述べる。掛川駅勢圏内の市町村として、利便性、速達性として将来の市町村としての効果は認めつつも応分の負担をすることには温度差があった。また応分の負担金の額の考え方も市町村によってまちまちであったし、各市町村の中でも首長、議会議長、選出県議会議員によっても千差万別であった。

　前述のように、1985（昭和60）年から1986（昭和61）年をメドに新幹線掛川駅を開業したいという国鉄の方針表明の頃、1982（昭和57）年10月1日、新駅設置研究協議会が掛川商工会館で開かれた。この会議で、東遠モデル定住圏で構成する1市7町の首長、議会正副議長、商工会議所会頭、商工会長、農協組合長に、地元選出県議も加わり、首脳陣が初めて同じテーブルについた。そして設置運動の推進

母体の組織づくりを話し合ったのである。話し合いでは、掛川新駅の実現を目指す基本姿勢を確認した上で、今後の組織づくりを、首長と議会代表による新駅設置研究協議会幹事会に一任し、中遠、北遠、榛原、志太地域内の掛川新駅勢圏に入る関係市町村に協力を呼びかけることになった。いよいよ期成同盟会、あるいは推進協議会設立に向けての第一歩を踏み出したのである。今後は、東遠地域の首長と議会代表で構成する幹事会が組織づくりの具体案を作ることになり、袋井市や周智郡森町などへも協力を呼びかけ、年内の組織化を目標に動き出した。

ここに地元の推進母体づくりがいよいよ具体的にスタートしたのである（『東海道新幹線掛川駅建設記念誌』：p21）。

1982（昭和57）年10月14日磐田市で開かれた中東遠地域振興協議会で榛村掛川市長は 16市町村に新幹線掛川駅設置の協力を訴えた。同協議会では。地域振興計画が報告されこの日で廃止されることになっていたが、新駅を設置するため、榛村市長は「話し合う場が必要だ」と存続を呼びかけた。これに対して磐田市などから「協議会はもともと計画をたてるだけのもの。性格が違う」と異議が出され、結局協議会は廃止された。周辺市町村は、一応、新駅設置には賛成しているものの、後に地元負担金が重くのしかかってくるだけに、言葉とは裏腹に、反応はクール。「掛川に出るまで車で40分、静岡まで一時間とさほど変わらない。（新幹線駅は）ないよりあった方がいい。（鴨川義郎・浜岡町長）というのが平均的反応だったといえよう（読売新聞1982・11・7）。

ただし、掛川市と小笠5町の首長は以前から友好的な関係であり結束は固かった。1983（昭和58）年11月10日、掛川市生涯学習センターで開かれた東遠地域県民会議に掛川市をはじめ小笠郡の5町から49人が参加し、「夢の持てる小笠」をテーマに話し合った。会議では

野賀泰雄・中遠振興センター所長等の挨拶のあと、三つの分科会に分かれて意見を交えたが、第二分科会では「1市5町の連帯と地域づくり」のテーマで討議が行われた。席上、新幹線掛川駅新設計画に話題が集中し、出席者の間では新駅設置に賛成の意見が沸き上がった（『東海道新幹線掛川駅建設記念誌』：p29）。

　時は前後するかもしれないが、次に、周辺市町村の姿勢・決定について述べる。元々、掛川駅設置の前提条件となる建設・整備費の捻出のための地元負担金に対して、周辺市町村は冷淡な態度であった。[31]
　「お付き合い程度は覚悟しているが、1億、2億と言われたらかなわん」「駅も結構だが、公民館や体育館を望む声の方が強い」といった消極論から、「浜松駅に『ひかり』を止めてもらった方が便利。今さら掛川駅なんて」という否定論までさまざまだった（読売新聞 1982年11月7日付）。磐田市にいたっては「掛川から同盟会への参加要請が来ていないので検討していない」とそっけない。お隣の袋井市も「同盟会に加わるかはどうかも未定です」（久野松義秘書課長）とはっきり。四面楚歌といった感じだ（読売新聞 1982・11・7）。
　周辺市町村では当時の掛川市を基盤とする新駅建設期成同盟会のような堅固な組織体系は全く存在しなかった。著者も議会議長をはじめ各議員と各市町村へ、協力金のお願い文書を持参して挨拶したときも、特に近隣の市は協力金には当初積極的ではなかった。県の担当者に相談したところ、「掛川市のことだから掛川市の責任で進めよ」ということであった。このように、新幹線掛川駅設置構想は実現される機運が高まったのと裏腹に、巨額な地元負担が表面化し、周辺市町村からは消極的な態度が見え隠れするようになった。
　榛村市長は、「他市町村の協力金負担を頼むのは大変難しく、『隣の家に倉が建つと腹が立つ』という言葉のように、近隣他市が儲かるプラス施設に負担する予算計上には、起案する職員も首長も審議する議

会もなかなか気持ちよく応諾しなかった。お互いの意向を様子見しあってしまい、他市と歩調を揃えたいと消極的になってしまうのであった」（『生涯学習まちづくりは村格・都市格へ』p93〜94）と当時の様子を述べている。[32]

　それでも、前述のように中東遠地域振興協議会などの議論を経て、次第に協力的な機運も醸成されてきたことも確かである。1984（昭和59）年12月18日は、小笠郡5町首長会議が菊川町役場で開かれた。その会議では、掛川市が求めている総額15億円の拠出には応じられないものの、5町で約10億円の負担をすることを決定した。それに加えて、各町とも住民に寄付を求めるなど、極力掛川市の要望に応じていくことを確認した。5町の協力表明で新駅実現のための大きなハードルが超えられたことになった。これを受けて、12月19日、榛村市長と5町の首長が県に出向き、国鉄から求められている受諾回答の日程を協議することになった。さらに掛川市が求めている15億円についても、「拒否するものではなく、なるべく掛川市が求めている額に近づける努力を続けていく」ことを確認している、と5町首長は表明した（『東海道新幹線掛川駅建設記念誌』p62）。

　このように1984（昭和59）年12月18日に、小笠5町による負担金の額が首長より示されたことで、小笠5町を中心とする、掛川市周辺25市町村による総合地域振興協議会設立への大きな弾みとなった。
　次いで1985（昭和60）年2月16日、新幹線掛川駅設置にともなうより広域的な地域振興策を探る「総合地域振興協議会」の準備会が開かれた。中東遠地域の新しい幕開けを担う新幹線掛川駅が、具体的な地域構想へと展開するための壮大なプログラムのスタート日といえる。準備会では、大井川、天竜川間の25市町村長、地元選出県議（15人）を軸に協議会を構成することに決定した。そして、同年5月9日、設立総会が開かれた。会長には山本敬三郎知事が就任した。当

表6-2 関係市町村（4市19町1村）協力の内訳（単位：千円）

大須賀町	132,600	森町	82,000	吉田町	7,700
浜岡町	164,100	御前崎町	6,900	川根町	4,300
小笠町	145,600	浅羽町	26,700	中川根町	3,400
菊川町	272,700	豊岡村	8,600	本川根町	2,500
大東町	190,400	島田市	25,700	春野町	5,900
磐田市	161,300	天竜市	24,800	福田町	17,100
袋井市	275,200	相良町	13,800	竜洋町	10,300
金谷町	75,100	榛原町	8,600	豊田町	12,900

出典：東海道新幹線掛川駅建設記念誌（p: 135）

日の席上で、山本知事は「新掛川駅は半径20km圏域の大きな意味での活性化に役立つ。そのメリットを享受できるよう力を合わせ、資金その他で協力していただきたい」と述べた。期成同盟会的な組織を持たなかった掛川新駅へ向けての、周辺市町村に対しての協力を強く要請したのである（『東海道新幹線掛川駅建設記念誌』: p77）。

　最終的には、表6-2のように、周辺7市町村を始めとする県内市町村から合計16億7,820万円の協力金が得られることになり、設置運動は大きなヤマを越えたことは間違いない。

　以下にアクター4氏の発言を引用する。ここに当時の掛川市を基盤とする新駅建設期成同盟会のような堅固な組織体系は全く存在しなかったこと、その苦労が如実に表れている発言である。

　白松三省（県議会議員小笠郡選挙区選出）は以下のように苦言を呈している。「私たち県議会としても、中央、県、周辺に対して理解をいただくようお願いし、それなりにお手伝いしてきた。県も段々前向きに本腰となり、周辺市町村も県からの要請を受け、真剣に取り組んでくれ、結果良しとなったことはご同慶の至りであります。掛川市の態度で最も反省していただきたかったことは、当時の国鉄、運輸相等には、ハシゴをかけても、県、自民党を素通りしたことだ。なるほど直接の施行者は国鉄であるかもしれないが、大幅な財政負担を誰に

負ってもらうかということに、もっと気配りをしてもよかったのではないか、同様なことは周辺市町村に対する配慮にもいえることで、十分な対応をしていれば、もっと協力を得ることが出来、円滑にことは運んだのではないかと、今もって考えている」(『東海道新幹線掛川駅建設記念誌』p4)

さらに、山崎巌(東海道新幹線掛川駅設置推進市民会議議長)は、「県議会をはじめ、定住圏の目玉事業として掛川市とともに推進して下さった東遠地域の関係者の方々のご支援がなければ、ここまで到達できなかったことはいうまでもありません。今回知事に会長を引き受けていただいた5市19町1村の協議会も、これから建設される新駅の大きな要ともなっていくものと思っています」と発言している。(こだま新駅推進だより第2号、1985年)

また、深水正元(助役として建設省から招聘、1981年6月～1984年3月在任)は、「掛川市へ赴任することになって、最初に聞いたのが新幹線掛川駅新駅の話であった。この種の計画につきものの期成同盟会的な組織もなく、いわば、市長の個人的運動と知り、大変なことだと思った」(『東海道新幹線掛川駅建設記念誌』p35)と述懐している。[33]

後に、草賀文雄(東海道新幹線掛川駅設置市民会議議長代行)は、「昭和50年後半から、市長に同道して国鉄本社や運輸相へ、何回お願いにうかがったことか、議会の合間を縫って、静岡・浜松間の9市や、小笠5町を始め、志太、榛原、周智、磐田の14町1村の役場と各議長さんのご自宅までも、時によっては、同志議員さんが手分けして各市町村を訪問し、ご報告とお願いを何度繰り返しただろう。まさに一山越えれば深い渓谷の向こうに、もっと切り立った山が幾重にもある思いであった」(『東海道新幹線掛川駅建設記念誌』p34)と振り返っている。どれだけ苦難に満ちた月日であったろうことか、想像に難くない。

鴨川義郎（浜岡町長）は「新駅推進だより第4号、1986年」の中で「東遠地域の新時代は、昭和44年、掛川市を核とする1市7町（掛川市、小笠5町、相良町、御前崎町）がお互いに手を結び、広域市町村圏を設定したときに始まりました。（中略）牧之原インターチェンジの設置、掛川新駅と御前崎港を結ぶ幹線道路の整備、雄大な自然を活用したリゾートレクリエーション基地建設など、21世紀のニーズに向けて、東遠地域の開発の夢は無限です。（中略）願わくは、この新駅建設を契機とした東遠地域の発展構想に魂を入れ、豊かな心を盛り込み、圏域の強い連帯感をつくりあげたいと念願します」と東遠地域は一心同体で連帯していることを強調している。

4）新幹線駅の市民運動と募金運動

　前述のとおり、新幹線掛川駅を設置するには、まず国鉄がゴーサインを出すこと、そして請願駅であるのが条件であった。請願駅ということは駅設置にかかる費用は全額地元掛川市の負担であるということであった。当時1982（昭和57）年6月ごろ、97億円といわれた工事費も物価の上昇や工事区間の延長で約116億円に上り、単独で設置する南北連絡通路を含むと、総額約120億円の事業費であった。当然、新幹線掛川駅の設置を推進する市民の機運を高めるため市民運動は必要であったが、その上に地元の請願駅として事業費の捻出が最大の課題であった。1983（昭和58）年9月当時は、40億円を静岡県、40億円を周辺市町村、残りの40億円を掛川市と胸算用をしていた（実際には約58億円が掛川市負担になった）。

　榛村市長は、自らが1977（昭和52）年に提唱した、三大施策を進めるため、その一つである「市民総代会」を利用して掛川市の未来創造のために新幹線掛川駅設置の必要性を唱えた。小学校単位の市民総代会地区集会では、賛成、異論が続出したが、何度も繰り返していく

うちに、市民ももしかしたら「駅ができるかも知れない」と思うようになったという（静岡新聞1984・9・29）。

地区集会で、榛村市長は「駅ができるとしたら、郷土のためにいくら出せますか」と問いかける。そうした駅の実現の可能性が自然と盛り上がっていった。現代主流のパブリックコメントとは全く異なった手法であり、対話中心の現場主義者らしいスタイルであったといえよう。

1982（昭和57）年12月19日、長く厳しい新駅設置運動のなかでも、とりわけ大きな意味を持つことになった。それまで掛川新駅設置運動は行政が先行してきた観が強く、市民サイドでは、今ひとつ盛り上がりを欠いていた。一方、先行していたはずの「掛川新駅設置促進期成同盟会」づくりも、東遠地区1市7町での準備会段階で足踏み状態が続き、当初予定していた年内発足が遅れていた。

こうした状況下で市民が立ち上がり、運動の火の手をあげていこう、と掛川市議会の新幹線駅・二俣線対策特別委員会委員長が発起人となり、市民会議への参加が呼びかけられたのである。そして、市内の主要民間団体が呼びかけに応じて、掛川商工会議所での設立総会に臨んだ。当日は商工会議所、区長会、婦人会など33の団体から約80人が出席した（静岡新聞1982・12・20）。

総会に先立って、榛村市長は実現に向けての10項目のプログラムを示し、「新幹線駅設置には、応分の負担を覚悟しなければならない。掛川駅の実現は生涯学習の最大の課題で、どういうまちに住みたいかを問うもの」と位置づけた。そして千載一遇のチャンスに当たっての勇気ある決断を呼びかけたのである。これを受けて満場一致で市民会議を設立することを決定した（『東海道新幹線掛川駅建設記念誌』：p24）。

この市民会議のメンバーは市議会議員、商工会議所、婦人会、農協、区長会の有力団体リーダーなど、地元地域のアクターと位置づけ

られる人々が加入し、掛川駅設置推進市民会議議長には山崎巌掛川市議会議長を選んで、組織力、実行力のある新幹線新駅設置の協力団体として大きな支えとなった。そして、この組織を中心にして、結果的には30億円ともいう全国の都市には真似のできない巨額な募金が小都市掛川に集まっていくのである。[34]

東海道新幹線掛川駅設置推進市民会議は、「新駅の早期設置の請願」について、市民署名運動を進め、1983（昭和58）年3月1日、市長に「新駅の早期設置の請願」の署名簿を提出した。署名者は3万2,760名に上り、掛川市の18歳以上の総人口の約80％に達していた。署名運動を成功させた市民会議は、1983（昭和58）年8月19日、掛川商工会館で昭和58年度総会を開き、設置運動の最大のネックとなっている地元負担金の問題を前進させるため、「こだま預金」とも呼ぶべき預金設置の実現に取り組むことを決定した。これは市民や法人が市内の金融機関に定期預金を勧める運動で、その利子を新駅設置が決まった段階で負担金の一部に充てようというアイデアである。署名運動に次ぐ、「こだま停車作戦」の第二弾であった（『東海道新幹線掛川駅建設記念誌』：p27）。

市内のすべての金融機関を巻き込んでの「こだま預金」作戦は10月から始まり、この2カ月間に約2千口の申し込みがあったという。1口当たりの預金目標額などは明らかにされないが、1口10万円としても2億円しかならない。寄付ではとても及ばぬ勘定だ（朝日新聞：昭和58年12月11日付）。とこの作戦の行方に疑問を投げかけていた。

生涯学習の試みとしてすでに5回目を迎えた市民総代会地区集会が、1983（昭和58）年9月28日からスタートした。各地区の市民代表が小学校単位に16の会場で順次、市町や市の幹部と直接意見交換をするこの集会で、新幹線掛川駅実現に向けての活発な討議がくりひろげられることとなった。掛川駅設置の負担問題では、住民側が「一

戸約10万円という抽象的な表現ではなく、具体的な方法を、政治で示せ」と迫る一幕もあった。榛村市長は「駅舎改築、南北通路など関連整備事業を含めて、50億円を掛川市が負担することを覚悟しなければならない」と明言した（静岡新聞1983・9・29）。

しかし、具体的な手法については「新駅設置が決まった段階で」と確答を避けた。この地区集会では駅設置の意思表示が再確認され、負担の覚悟を促すものと位置づけ、市民の合意をもってこれまで以上に前向きに取り組むことになったのである（静岡新聞1983・9・29）。

榛村は、1983（昭和58）年12月1日開催の定例市議会に、市民の団体からの寄付金を受け入れる窓口を設けることになり、「掛川総合都市交通施設整備基金条例」を上程した。新幹線整備法の改正で、国鉄への資金出資を禁止する枠も外れ、寄付や募金をプールできる場を設けることにしたものである。この条例によって、所得税の寄付金控除、企業の寄付金の損金扱いも可能になり、募金に一層の拍車が期待された（『東海道新幹線掛川駅建設記念誌』：p29）。

新幹線掛川駅設置推進市民会議は1984（昭和59）年4月17日、掛川商工会館で総会を開いた。席上、昭和59年度の事業計画として、20億円を目標に募金活動を展開することを決めた。募金運動の推進は、1983（昭和58）年10月の全国新幹線鉄道整備法改正案が可決、成立と12月に掛川市が総合都市交通施設整備基金条例を設けたことを受けたものである。すでに募金は11件260万円（表6-3）が寄せられていたが、PR不足もあってまだ低調であった。この日、明らかにされた募金方法は、1口1万円の募金で、個人は10口10万円、法人は同10口100万円を目標に依頼するというものであった（『東海道新幹線掛川駅建設記念誌』：p31）。

こうして、寄付に関する条例が制定されてから1年、20億円を目標に新幹線掛川駅設置推進市民会議が掛川市の「総合都市交通施設整備基金」に対する募金活動をしてきたが、1984（昭和59）年12月6

表6-3 1984年度(昭和59年度)の募金納入状況(単位:円)

1984年度	件数	金額	累計	
			件数	金額
4月	2	200,000	11	2,612,975
5月	1	200,000	12	2,812,975
6月	10	28,800,000	22	31,612,975
7月	8	5,030,000	30	36,642,975
8月	5	2,900,000	35	39,542,975
9月	43	19,720,000	78	59,262,975
10月	33	9,983,916	111	69,246,891
11月	52	19,095,000	163	88,341,891
12月	432	102,738,123	595	191,080,014
1月	189	56,481,806	784	247,561,820
2月	187	35,035,232	971	282,597,052
3月	772	231,916,407	1,743	514,513,459
計	1,734	512,100,484		

出典:東海道新幹線掛川駅建設記念誌 (p: 142)

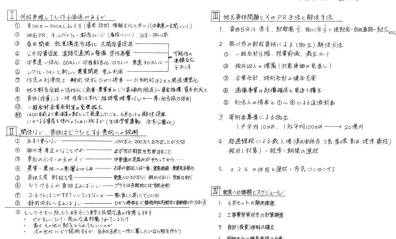

図6-1 榛村市長レジュメ
出典:掛川市立中央図書館提供 (2018.3)

日現在で募金額が 1 億円の大台に乗った。募金は、10 月の新駅設置内定後に急速に伸び、1 日に 5 件前後の寄付がよせられた（東海道新幹線掛川駅建設記念誌：p60）。そして 1985 年（昭和 60）3 月末には 5 億円の大台に乗ったのである。

　次いで、1984（昭和 59）年 6 月 19 日夜、掛川商工会館で開かれた初の募金活動の説明会には、榛村市長も出席した。説明会には推進市民会議の呼びかけに応じて、市内目抜き通り商店街と市役所周辺など 9 町の自治会三役と組長等を中心に、約 100 人が集まった。出席者の意見は「とても応じられない」から「大変結構なこと。寄付は 7、8 百万を覚悟している」までさまざまだった。この地元説明会は上記の掛川商工会館を皮切りに、地区生涯学習センターを中心にかえ市内 21 カ所で開かれ、榛村市長は「新駅建設は百年の大計、この機会を逃すと永久に駅は出来ない。20 億円の募金達成こそが実現の鍵」と強く訴えたのである（『東海道新幹線掛川駅建設記念誌』：p39）。[35]

　図 6-1 は、新幹線掛川駅問題に関する市民総代会地区集会での市長レジュメの一参考例である。

　表 6-4 は各年の地区集会の対話テーマ、主要テーマを著者が資料より抜粋してまとめたものである。市民総代会地区集会の話題は、一般テーマ（地域課題）と対話・主要テーマ（市全体の課題）がある。新幹線掛川駅が市民総代会地区集会で本格的な議論の場になったのは 1982（昭和 57）年からである。この時期はどの年も生涯学習と新幹線掛川駅が中心で議論されたことがよくわかる。[36]

　榛村市長の説明会での行動について、アクターたちは次のように述べている。

　山中義一（元掛川市区長会連合会会長）は、「新幹線掛川駅一本だった頃は迫力があった。初めて地区集会に出たとき 1980（昭和 55）年は、生涯学習センターも市立総合病院もないときでした。市長の「生涯学習」という言葉が新鮮に聞こえました。新幹線掛川駅の誘致

表 6-4 新幹線駅開業までの年度別市民総代会地区集会の対話テーマ・主要テーマについて

年度	対話テーマ及び主要（特別）テーマ
1979年	（対話テーマ）道路交通ネットワーク、都市改造、区画整理、商店街、土地利用問題、線引きなど
1980年	（対話テーマ）地域づくりをどうするか（地域生涯学習）、区の運営、各種集会施設、コミュニティ活動等、教育問題、福祉、医療健康、食生活、農林商工業、道路など市政一般、市役所への注文
1981年	地域づくりをどうするか（地域生涯学習）、区の運営、各種集会施設、コミュニティ活動、お祭りなど市政一般
1982年	（対話テーマ）新病院のビジョンと地域住民の健康増進について、清掃工場と美しい街づくり（快適な生活環境づくり）、中央生涯学習センターと地域生涯学習センター（学校）と地域学習の進め方について、青少年非行を予防するために地域の英知を結集する手法について、中長期的な展望に立った（学区）のマスタープランづくり（特別テーマ）新幹線新駅設置をどう考えるか
1983年	（対話テーマ）生涯学習運動の実践と施設（学習センター）の高度利用について、地区（学区）の土地利用、治水・利水・排水等の見直しについて、新幹線掛川駅設置の意義、影響と負担金拠出の手法について、その他重要課題と行財政体質強化の手法について
1984年	（対話テーマ）(1) 新幹線掛川新駅実現計画について①現況と課題②当該地区との関係 (2) 農振地域・用途地域の見直し①一般共通事項②当該地区との関係
1985年	（対話テーマ）(1) 新幹線駅設置後の地域づくり、人づくり①新幹線駅のメリットを確実にすること（財政・資金計画について―その目的と効果）②工場誘致と雇用開発、就業構造の改善③第四次４カ年計画の策定における各地域編について④各区の行政計画の策定（交通安全、火の用心、青少年健全育成、暴力追放、地震対策―自主防、一人一芸―スポーツ
1986年	（対話のテーマ）(1) 新幹線掛川新駅の影響効果（活性化の連鎖反応をおこす①駅周辺整備事業と中東遠の拠点整備の意義②全市民が新駅建設運動に参加した形になるためにどうしたらいいか。(2) 各地区の行動計画の策定と生涯教育運動の徹底①交通安全、暴力追放（暴力団のいない町を誇りとする）、②一人一芸―スポーツ、一人一業―ボランティア、青少年健全育成③地震対策（火の用心、自主防災組織）④緑化、美化、清掃―芙蓉の町、敬老の町 (3) まちづくり一般事項
1987年	（対話のテーマ） (1) 新幹線掛川駅オープンまでのお願い（21世紀への飛躍力をつけるために）①25億円募金大成功化の方策②記念事業のアイディアと盛り上げ、いい形に残るもの③オープン後の動向と各地域づくりとの関連づけ (2) 掛川市の総合計画と空港問題①事態の正しい認識とより活力ある都市づくりには？ ②空港のある都市の活力と史学的ロマンと問題点 (3) 生涯学習18項目のテーマとプロジェクトのうち当面の大課題①市庁舎建設計画とアンケート②全市公園化、観光ネットワーク、芙蓉と樺の都市づくり③幼稚園教育（幼児教育）のあり方について④その他―まちづくり一般事項

年度	対話テーマ及び主要（特別）テーマ
1988年 新幹線駅 開業年）	（対話のテーマ） (1) 新幹線掛川駅オープン後の掛川市の効果を尚一層盛り上げるように ①新幹線掛川駅工事記念誌と一括領収証（ご芳名録）の掲載をどう思うか。東名インター建設と天守閣復元に話しが発展したことを全戸祝福し合った形で②地価対策―公共施設用地と工場用地と住宅団地を円滑に確保できるように・・・そのため、昭和65年（平成2年）以降の土地利用計画見直しを目途に、上記の諸用地等を一挙一元的に保全開発造成計画として立てていくこと（旧村別、自治区別に） (2) 生涯学習都市宣言ということを、より有効的に、より実質的に、より広汎により、個人個人に徹底し地域の教育力と家庭の教育力を強化すること。①生涯学習計画パートⅡの策定とその12大課題の解決実施手法を具体化していく方法について・生涯学習都市って何やっているか、みんなが楽しく言えるようにしたい。②芙蓉・木槿100万本を目の色かえて実現するためにはどうしたらよいか。③自治区を巧く・楽しくまとめ、家庭と地域を充実するためには…… (3) 各小学校区別（旧村別）の課題（ここ10年間を総括した上で……） ①わが地域のビジョン・課題・目標をどう設定するか（ハード面）②小学校区の実践項目を二つ三つ創り実行してほしい。（ソフト面）

・出典：掛川市区長会連合会：「掛川市住民主体の市政のために」、市長区長交流控帖各年度版より抜粋

のときのことは忘れられません。当時、地区集会はもちろんのこと、区長会や市議会や商工会議所などあらゆる団体を含め、まち全体が新幹線駅のこと一点集中で、迫力みたいなものを感じました」（広報かけがわ：1998（平成10）年12月1日号掲載）と述べている。当時の市民が掛川再生のために白熱した議論が展開されたことが垣間見える。市民が「まちづくり」に主体的に参加する舞台は地区集会に凝縮されて市民は舞台の上の役者そのものだったに違いない。

　さらに山中は、募金運動の当初の、榛村市長の行動とそれに触発された山中自身の決意を語っている。「街中が、募金問題で沸いた1984（昭和59）年の秋、びっくりしたのは市長が、一晩にいくつもの会場へ顔を出し、一会場で一時間以上も話しの中へ参加者を惹きつけたことです。これからどう進めたら良いかの賛否両論のなか、悲壮感を以て臨んだ区長たち推進委員は地域の一人でも二人でも多くの人に市長の話を聞いてもらおうと、一生懸命説明会への動員に走り回ったものでした。明日の掛川の夢を新幹線駅に託し、いち早く対応してくれた

人が出たときは感激しました。一人暮らしの老人や未亡人の方が10万円を『推進会議へ届けてください。』ともってきて下さった時は、ほんとにジーンとくるものがありました。なんとしてもこの募金を成功させたいと思いました」(『東海道新幹線掛川駅建設記念誌』: p35)。

竹原義一（東海道新幹線掛川駅設置推進市民会議事務局長）は、「新駅の実現性が強まり、財源確保が重要課題となった1984（昭和59）年4月、推進市民会議は市民募金の先頭に立つことになった。そして6月19日、第1回の募金説明会が行われ、その後約半年間に135回の集会、翌60年には156回と、主な集会だけで291回を数えた。中には連続18日間の時や、一晩に5箇所の時もあり帰りが深夜12時、1時のときも珍しくなかった。市内くまなく回った市民対話が多くの市民皆様のご理解とご協力を得ることになり、事務局へは毎日募金をご持参下さる方々が後を絶たず、多い日には1日165件、1億2,400万円にもおよび事務局員が天手古舞いの日が幾日あったことか。ほんとに市民、企業の皆様のご協力に感謝の毎日でした。また子供さんや老人クラブの人たちの熱心さにも心打たれることが多々ありました」(『東海道新幹線掛川駅建設記念誌』: p85) と新幹線ムードで明け暮れた日々を懐しく振り返っている。

実は、榛村市長が地区募金説明会で行動している期間でも、特に掛川市外に居住するアクターたちから、市民による募金運動ではなく、超過課税によって財源を捻出したらどうかとの助言を得ていた。これについて、さらにアクターたちの発言をまとめてみた。

山崎巖（東海道新幹線掛川駅設置推進市民会議議長）は、当時の募金説明会のことを、「市長と一緒に国土庁の下河辺次官のところへ陳情に参ったとき、『掛川の定住圏は新幹線の駅を作って欲しい』と申し上げました。当時、掛川の新幹線駅は75億円ぐらいと言われており、県と関係市町村に三分の一ずつ負担をお願いし、掛川市も三分の

一の25億円ということでした。また、新駅建設は全額地元負担ということでしたので、松浦功先生（元自治事務次官）に相談を申し上げましたら、それは超過課税でやるようにと言われました。

　しかし、超過課税といいますと、市民や議会内に問題もあり、相談の結果寄付金でやろうということになりました。そこで市内36団体の代表者が集まり、推進市民会議を発足させ翌年より200カ所以上で説明会を開き協力をお願いし、連日連夜市長と全会場を廻りました。そして多くの市民の皆様のご理解を得て募金が急激に伸び、目標の25億円を突破し、30億円に迫ろうとしていることは大変有り難いことです。また一番感激したことは、1984年（昭和59）10月18日、内示書を戴いたときで、この時はうれしくて涙が出ました（『東海道新幹線掛川駅建設記念誌』: p5）。

　新幹線掛川駅設置費用の地元負担のために、市として、超過課税の方法をとるか市民の募金による資金集めの方法をとるか、超過課税を決定しても、掛川市による収納段階で市民の滞納者が多くなり、滞納整理に追われ並大抵に初期の目的は達成されないことを榛村市長は予期していたのではないかと推測する。また、榛村自身が説明会で対話しながら市民に募金をお願いし、それを実践させることにある程度自信をもっていたからに違いないと今になって思っている。それがカリスマ市長といわれるゆえんである。

　この点について、前出の下河辺淳（総合研究開発機構理事長）は、市民募金という方法は新しい市政のやり方かも知れないと高く評価している。すなわち、下河辺は言う。「市民は、この夢を現実のものにするために、掛川市総合都市交通施設整備基金への募金活動に参加し、成功を収めた。本来都市整備は行政の仕事であり、税金から補助金が支出されて実施されるのが通常の方式である。納税者が納税義務を果たすと同時に、公共サービスを受けるという構図が通常のやり方である。

しかし、市民の夢を市民の自発的負担で実現するという掛川方式は、納税義務ではなく自発的拠金であり、市民の自ら選択した事業への支出である。仮にこれを選択納税方式とでもいうとすれば、この方式は、高齢化する市民社会に向けて、市民参加のまちづくりの基本的制度とでもいうべきものである。掛川でのこの方式の実施は、当初提案者（榛村市長）に不安があったかもしれない。しかし、提案者よりも市民の自発的意識がはるかに進んだものになっていることを証明する良い機会であった（『東海道新幹線掛川駅建設記念誌』：p7）そう掛川市民を讃えている。

　榛村市長の著書には、当時の思いがつづられている。「最初、自治省や県の市長村課や市の財政担当者は、超過課税でいくべきだ、募金では強制力がなく到底集まらないという意見であったが、私は掛川市の状況から見ると、固定資産税や市民税の超過課税方式でいくと、サラリーマンや街なかの人に重く、広い土地資産を持っている農民に軽くなるので、かえって不公平であるから、募金方式の方が適当として、この方法に踏み切ったのであった。また別の理由として、単に条例可決して税金として集めるより、誠心誠意、対話集会を500回ぐらい開いても募金で同意を得る方が民主的、生涯学習的であり、郷土愛を刺激できると思った」（『著書：まちづくりの極意』：p77）。

5）掛川駅の美学、掛川駅八景（掛川駅独自の駅をつくりたい）

　辰濃和男[37]は、『新幹線掛川駅開業20周年記念誌』（2008年3月）巻頭の言葉「未来風景のある駅」では、こう述べている。掛川をいちばん掛川らしくしているのは掛川駅だ、といった亡き友人がいる。世界中の駅を見てきたその友人は、とりわけ掛川駅が好きだった。33種類、100本の木々が植わっている駅前広場の風景を見て「おしゃれな駅だ」といっていた。私は、新幹線を降りるとまず掛川駅の南口に

でる。

　金色のモニュメント「合体」に挨拶をし、散策し、木陰に憩う。やがて北口にでてモニュメント「玄」に向き合い、静かな気持ちになる。それが掛川駅についたときの、おきまりの儀式だ。北口の広場には、光に満ちた風が欅や小楢や楓や樫の梢を吹き渡り、その風の声を聞いているうちにいつか肩の凝りがほぐれ、ほっとした気分にひたることになる。

　おなじみの森の木々を、これほど多様にこれほどたくさん植えて「日本の故郷の森」を演出した人々の中心に榛村純一前市長がいる。日本一といっていい駅前風景を創った思想に、私は敬意をはらう。そこには榛村さんの、未来の文化を見つめた「文化力」がある。文化の深さを感じさせる政治こそ、ほんものだと思う。

　ここで辰濃が言う友人とは岡並木氏[38]である。彼の著書「駅再発見の旅：p179　NTT出版」の中で、「これは、今までの駅前広場とは違うぞ。バスの広場じゃないのだ。バス乗り場は広場の周りの道路に出ている。タクシー乗り場は広場の片隅におかれ、御影石で畳んだ広い広場には、大きなけやきをはじめ数十本の木々が、緑の影を落としている。その広場を街の方へ歩いてみた。

　他の駅と違って、広場の周りを迂回させたり、地下へ追い込んだりしていない。駅舎を出てすっと広場に入っていける。広場の中には通路はあるが、歩く動線上の無理の無い位置に短い横断歩道がある。あちこちの石造りの植樹桝のいくつかは、ベンチ代わりにこしかけられる高さだ。ふと思った。この駅前広場ができて、若い女性がおしゃれをするようになったのではないか。すれ違う人に見てもらえる適当な空間がなければ。おしゃれのしがいがない。この広場の雰囲気なら、おしゃれが絵になる。

　前述のように、岡並木が驚いている様子が伝わってくる。

　榛村は「駅は生涯学習センターである」と著書「随所の時代の生涯

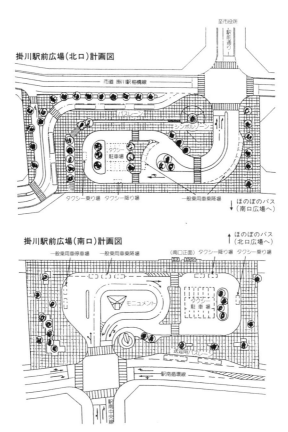

図 6-2　新幹線掛川駅北口・南口広場計画図
出典：東海道新幹線掛川駅建設記念誌（p: 88）

学習」[39]の中で次のように述べている。

　新5駅（新富士駅、三河安城駅、新尾道駅、東広島駅、掛川駅）は全額地元負担の上、国鉄が分割民営化の嵐で対応が柔軟化した時に作られたことによりその駅舎構造や全体デザインならびに駅前広場の設計において、かなり、地元市の意向や地域づくり計画との関連事項が取り入れられることになった。

　掛川市においても、どうせ巨額の負担をして建設するのだから、新

名所をつくるつもりで、これを建設した。目標ビジョンは、駅の文化、駅前広場の美学、これっしか文化、日本一掛川八景と銘打たれた。新お国自慢づくり、アイデンティティづくりのユーモラスな一例と言えよう。

すなわち日本一という位置づけの口上書は次のとおりである。全国にJR6社の駅は、合計4,820駅存在し、新幹線の駅は、合計57駅（56都市）存在する。東海道本線の東京大阪間の駅は16駅である。このうち、東海道本線の駅が同じ構内にある駅は14駅となる。

さらにそのうち南北（東西）の両方に同等の入り口がきちんとある駅は9駅である。その9駅のうち7,800m²以上の駅前広場をもつ駅は5駅だけとなる。

すなわち、東京駅、名古屋駅、京都駅、大阪駅、掛川駅の5つである。

さらに、以上5駅のうち33種類の街路樹が植栽されている駅は掛川駅だけとなる。そして掛川駅だけにしかないものが8項目もある。これを日本一掛川駅八景と名づけると榛村は記している。

●掛川駅八景
①33種類、100本の街路樹
②御影石など6種の舗装の文化
③駅北口にステンレスと玄武岩のモニュメント「玄」南口にゴールドセラミックの「合体」
④北口木造駅舎保存、南口ファサードのミラーガラスと擁壁のアート作品
⑤北に二宮金次郎のブロンズ像南に裸婦像のコントラスト
⑥北遠を巡る第三セクター天竜浜名湖線のターミナル
⑦周辺市町村の名産、特産が勢揃い「これっしか処」
⑧緑と芸術がいっぱいの「ぐるり散策路」1,087m

天竜浜名湖線駅(著者撮影)

二宮金次郎像(著者撮影)

南口ファサードとモニュメント(著者撮影)

擁壁レリーフ(著者撮影)

これっしか処(著者撮影)

100本の街路樹(著者撮影)

サンクン広場(著者撮影)

掛川駅木造駅舎(著者撮影)

6) 新幹線6駅時代

　静岡新聞2014(平成26)年9月28日付は、県内6駅の新幹線駅について次のように報じている。

　「2014(平成26)年10月1日、東海道新幹線が営業運転開始から満50年を迎える。県内では1964(昭和39)年開業当初、静岡、浜松、熱海の3駅が置かれ、地元請願で1969年に三島、1988年には掛川、新富士両駅が誕生した。沿線には企業や教育機関が進出し、県内から通勤通学する静岡都民も珍しくなくなった。本県の発展は新幹線と共にあったといえるほどである。」

　駅間約70kmと全線で最長だった静岡－浜松間に1988(昭和63)

年掛川駅が開業した。設置に向け、掛川市民から 30 億円もの募金が集まった。1994（平成 6）年に国内初の本格木造で復元された掛川城には 1 年間で 50 万人が登城。工業団地には 13 社の誘致に成功した。

富士市には 1990（平成 2）年、常葉学園富士短期大学が開設された。常葉大富士キャンパスとなった現在も（富士キャンパスは 2018 年 4 月移転）、教授ら 55 人中 15 人が新幹線通勤する。三島駅は首都圏からの便が更に良く、駅周辺では近年も開発が続く。不動産業者によるとバブル崩壊で一時下落した地価が再び上昇傾向にある。

さらに 2014（平成 26）年 9 月 28 日付静岡新聞の記事には、次のように述べられている。県が 2013（平成 25）年末公表した県内 35 市町村の将来人口推計では、30 年後に人口増が予想されるのは三島市西隣の長泉町だけ。同町担当者は、「進出企業から『本社と行き来しやすい』などの声を聞く。人口増の大きな要因の一つは新幹線三島駅」とみる。[40]

表 6-5 には、著者が実施した新幹線掛川駅に対するドキュメント調査資料の出典と、37 名の氏名と言葉のキーワードを掲載した。37 名の言葉には、新駅への期待と喜びと願いが込められている。

表 6-5　新幹線掛川駅に関するドキュメント調査

氏名	当時の役職	調査資料の出典	キーワード
須田寛	元東海旅客鉄道㈱社長	『新幹線掛川駅建設記念誌』1989・3 月	面白い楽しい駅に
下河辺淳	総合研究開発機構理事長	同上	掛川方式をたたえる
馬場亮介	東海旅客鉄道㈱静岡支社長	同上	現代の城―新幹線掛川駅
草賀文雄	新幹線掛川駅設置市民会議議長代行	同上	一層深まった心の絆
高木文雄	国鉄総裁	同上	発想、決断、実行力の妙
山中義一	掛川市区長会連合会長	同上および「広報かけがわ」1998・12・1	暖かい市民の心
深水正元	元掛川市助役、（現）建設省都市局街路課長	同上	企業の期待の大きさ
奥之山隆	静岡県議会議員	『新幹線掛川駅開業 20 周年記念誌』2008・3 月	掛川市はダントツ一位、金メダルだ

氏名	当時の役職	調査資料の出典	キーワード
伊藤京子	国立音楽大学名誉教授（掛川市出身）	『掛川市制50年史』2004・3月	日本中で一番大切な街「掛川」
佐々木禎治	元全国茶商工業共同組合連合会理事長	同上	新幹線掛川駅の経済効果は大きい
鈴木陽子	看護学校学生「新幹線掛川の駅」作詞者	『新幹線掛川駅開業10周年記念誌』1998・3月	新幹線この十年と私
山崎巌	新幹線掛川駅設置推進市民会議議長・元市議会議長	「こだま新駅推進だより」第2号1985・7月『新幹線掛川駅建設記念誌』1989年3月	中東遠発展の大きな原動力に多くの人の善意と協力による新駅誕生
榛葉達男	静岡県町村会副会長、菊川市長	「こだま新駅推進だより」第3号1985・10月	こだま新駅に夢を馳せる
鴨川義郎	浜岡町長	同上第4号1986・3月	21世紀への飛躍的足がかり
神谷庄平	大東町長	同上第5号1986・7月	掛川新駅が21世紀の原動力に
大石高	大須賀町長	同上第6号1986・10月	今と昔
藤田清作	掛川商工会議所会頭	同上第10号1988・7月	新駅を21世紀へのステップに
伊藤滋	早稲田大学特命教授、東京大学名誉教授	『新幹線掛川駅開業20周年記念誌』2008・3月	民衆の駅、掛川駅
中山達夫	中遠竹友会会長	静岡新聞1988・3・14	寄付して良かったという気持ち
（無記載）	磐田市観光協会担当者	同上	中東遠全体で見ると新駅はプラス
（無記載）	掛川駅前通りの商店主	同上	買い物客が都市部へ逃げていかないようにしなければ
村松加世子	掛川市駅南に住む主婦	同上	町の雰囲気がこんなに変わるなんて、市民の一人として誇れる
長坂矩男	菊川町、菊川農協組合長	静岡新聞1988・3・12	観光農業など今後の課題に
佃 乙江	磐田市、ヤマハ発動機勤務	同上	旅やレジャーぐんと便利に
中村信吾	雄踏町、中村建設社長	同上	天浜線沿線の開発に期待
土屋壮四郎	島田市、大井川鉄道広報担当課長	同上	知恵絞り奥大井へ誘客図る
西尾みゆき	掛川市、主婦	同上	掛川がレベルアップ
脇正専務	掛川市、工場造成中のユニチャーム掛川	同上	新駅開業前日の声（本州のへそ）
田中慶昭部長	掛川市、駅南口にオープンした川森屋	同上	東京と大阪のど真ん中
清水信次	大須賀町商工会長	同上	小笠山の総合開発に期待
松下 敏	小笠町商工会長	同上	まいた種をみのらせる
斉藤滋与史	静岡県知事	『新幹線掛川駅建設記念誌』1989・3月	地域の可能性を拓く新幹線掛川駅
白松三省	静岡県議会議長	同上	夢を食べた市長に乾杯"

氏名	当時の役職	調査資料の出典	キーワード
竹原義一	東海道新幹線掛川駅設置推進市民会議事務局長	同上	とにかく募金一筋に
榛葉英治	掛川市（旧掛川町）生まれ　直木賞受賞	静岡新聞特集―県内6駅時代 1988・3・12	新しい旅立ち
柳澤伯夫	衆議院議員	『新幹線掛川駅開業20周年記念誌』2008・3月	新幹線掛川駅は出発点
戸塚進也	掛川市長	同上	地の利、時の運

7. 榛村市政への評価と新幹線駅の波及効果
——インタビューとアンケート調査をもとに——

　榛村は、著書『生涯学習まちづくりは村格・都市格へ』：p152 の中で 1988（昭和 63）年頃の話として「新幹線掛川駅開業の効果は、マスコミや識者の人たちによると、次の 8 項目くらいになる」と書いている。8 項目とは
　①万事が近くなる、早くなる、大きくなる、便利になる、盛んになる、優しくなる。
　②企業は来る、ホテルができる。設備投資が増える、公共投資が増える。
　③人口が増える、住宅が増える、レクリエーション施設が増える。
　④観光開発がしやすくなる、入り込み客・観光客が増える。海の御前崎へ、大井川鉄道で奥大井・南アルプスへ、天竜浜名湖鉄道で天竜川・奥浜名湖へ。
　⑤商圏が広がる、文化圏が広域になる。芸術・文化・医療が大都市圏から直輸入される。ソフト情報の受信力が高まる。
　⑥美しく立派な駅と駅前広場ができて市民が洗練され、新駅をみん

なで作ったという自信と誇りが育った。

⑦地価が上がる（これはマイナスでもあるが）、資産価値が上がる。

⑧都市のイメージアップ、位、格が上がる。大学を誘致しやすくなる。

著者は榛村純一の28年間の掛川市政を評価するために市政28年間に関わったアクター、特に行政関係者20名のインタビュー調査を2017年（平成29・10・15〜30・1・22、約3カ月間）に行った。アクターたちは著者も何度も会ったことがある人々ばかりである。著者の上司、先輩、議員、友人、後輩たちであり、インタビュー時においても榛村市政のへの評価は語り尽くせないほど長くなった。ここで表7-1に、インタビューした20名をリストに示しておく。共に榛村市政を歩んだ関係者だから良くも悪くも熱が入ってくるには仕方ない。また、著者の知人である市民5名のアンケート調査および榛村本人のインタビュー調査（第8章に記述した）も加えて、榛村市政の評価および新幹線駅波及効果の評価を試みることにする。

新幹線新駅開業は、掛川市に「新幹線効果」というべきさまざまな影響をもたらした。なかでも開業そのものによる直接的効果として最も大きいのは、広域交通の利便性が飛躍的に向上したことである。各都市へのアクセス時間は大幅に短縮され、在来線から新幹線の乗り換えの煩わしさなどもなくなった。時間価値や快適性を重視する傾向が強まってきているなかで、新幹線による市民生活や企業活動へのメリットには計り知れないものがある。

このような目に見える効果に加え、市の内外における市民・住民の意識面の変化も見逃すことはできない。市民自らの力で新幹線駅設置を実現したという自信であり、また対外的には知名度・イメージアップ効果である。これらは実態として捉えることは困難であるが、さまざまなプロジェクトや地域づくり活動において間接的な力として作用することで、より大きな「新幹線効果」を生み出しているのである。

表7-1　インタビュー20名の氏名と役職等リスト

番号	氏名	役職	年月日
1	A	元掛川市市議会議員	2017.10.15
2	B	元掛川市市議会議長	2017.10.15
3	C	元掛川市健康福祉部長	2017.10.20
4	D	元掛川市教育次長、元掛川市秘書係長	2017.10.23
5	E	元静岡県議会議員、元掛川市市議会議員	2017.10.20
6	F	元校長	2017.11.01
7	G	元掛川市男女共同参画室長	2017.11.10
8	H	元掛川市教育次長	2017.11.24
9	I	元掛川市総務部長	2017.11.24
10	J	元掛川市市議会議員、元掛川市建設部長	2017.11.30
11	K	元掛川市福祉生活部長、元財政係長	2017.11.29
12	L	元掛川市助役、元掛川市総務部長	2017.11.20
13	M	元掛川市副市長、元掛川市新幹線駅対策係長	2017.12.08
14	N	元掛川市市議会議員	2017.12.22
15	O	元掛川市理事、元1市2町合併協議会事務局長	2017.12.17
16	P	元掛川市建設部長	2017.12.24
17	Q	元掛川市企画調整部長	2017.12.24
18	R	元掛川市教育委員会社会教育課長	2017.12.30
19	S	掛川市長選挙立候補者	2018.01.04
20	T	掛川市市議会議員、掛川市長選挙立候補者	2018.01.22

　ここでは、著者が行った榛村市政28年間の評価についてインタビュー調査（20名）をカテゴリーごとに分けて説明するとともに結果を数値化してグラフに表し、グループのコード化（キーワード）を列挙しながら榛村市政の評価分析していきたい。

　なお、氏名については、個人情報のため、アルファベットとした。

1）榛村市長のまちづくりについて

① 榛村市政 28 年間の生涯学習まちづくりの最大の効果は何でしょうか？

　Dは「ないないづくしの貧乏市から新幹線駅をはじめとした大変身、財政の財源の確保、交通網、教育、観光等施設整備も完備し、県政の谷間からの脱却を果たした」と効果をたたえている。Fは、まちづくりの魅力の再発見。Hは「榛村市政の最大の効果は新幹線掛川駅の設置だろう。誰もが無理だと思っていた新駅が実現したのだから。新駅で掛川市の交通利便性は大幅に向上した」としている。また、A、M、Oは「榛村市政最大の効果は新幹線掛川駅と市民募金 30 億円の達成」と述べている。さらに新幹線利用者は毎日 8 千人位いるはずで飛躍的に便利な町になった。新幹線新駅がもたらした経済効果も計り知れない。東名インターとの相乗効果もある。魅力が増した掛川市への企業立地も進み、工業出荷額は大幅に増加、税収も増えた。また、新幹線が掛川駅に到着するたびにアナウンスされる PR 効果は絶大。掛川のイメージも格段に上がった。榛村市政は、掛川市を品格・風格・魅力あるまち、誇れるまちに高めたのではないか」と新幹線効果の大きさをまず挙げている。

　一方で、Sは、市長の 28 年間を振り返って、「生涯学習都市の押しつけ、新幹線駅や掛川城天守閣の押しつけ募金など、市民の暮らしや地域経済を破壊してきた。ワンマン市長、市長好みの施策話題性」と批判している。また、「市の借金は市長就任時（1977 年）の 54 億 9,000 万円から退任時 2005 年には 524 億 8,800 万円と、28 年間に約 10 倍に膨れ上がり、県下 21 市中最も悪かった。財政力指数は 0.9 と低迷していたと大企業本位の自民党政権の忠実な実行者」と痛烈に批判している。また、Tは、「借金をして、特別会計を含めて 1,000 億円を超えた時期があり、戸塚市長になって問題になった。身の丈に

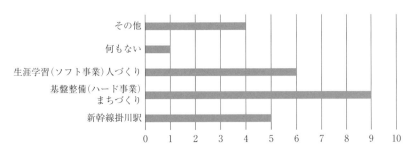

図7-1　榛村市政の28年間の生涯学習まちづくりの最大の効果は何でしょうか（複数選択可）

あっていなかった。市民はドブ板行政を望んでいた」と批判している。

次に、インタビューをキーワードごとの集計した結果を示す。
複数選択可
1¦　新幹線掛川駅……………………………………5人
（回答中のキーワード：象徴的事業）
2¦　基盤整備（ハード事業）まちづくり………………9人
（回答中のキーワード：企業進出、経済効果、都市評価上昇、自治体ブランド力）
3¦　生涯学習（ソフト事業）人づくり………………6人
（回答中のキーワード：自ら学習する市民、自信・誇りを持てるまち、掛川市の再発見）
4¦　何もない………………………………………1人
（回答中のキーワード：ワンマン市長、市長好みの施策、福祉等切り捨て）
5¦　その他…………………………………………4人
（回答中のキーワード：市民の動機付け）

・著者によるインタビュー分析

　アクターたちは、榛村市政の効果として、生涯学習（ソフト）・基盤整備（ハード）の双方を両輪として行われた生涯学習によるまちづくりを高く評価している。その象徴的事業が新幹線掛川駅の設置であった。その成果は自治体の力を向上させ、市民が誇りの持てるまちになった、という意見であった。半面、少数意見であるが、生涯学習によるまちづくりは市長の押しつけで、企業優先の福祉切り捨ての市政であったという人もいた。

　榛村市政の28年間の最大の効果は新幹線掛川駅設置であると多くの人がインタビューで回答している。新幹線掛川駅は掛川市に計り知れない効果をもたらしたことは周知の通りである。そして、新幹線掛川駅効果は単に掛川市を変えただけではないと著者は考える。

　榛村市政がより広域的な地域振興のインパクトを担っていたことは見逃せない。新幹線掛川駅は市の象徴となり、同時に中東遠地域への玄関口としての大きな役割を果たすことになった。そのことは、新幹線駅に協力金として拠出してくれた大井川流域の市町村から天竜川流域の市町村にも恩恵をもたらすのである。

　具体的には、御前崎市、牧之原市を中心とした遠州灘、駿河湾の海や港を活用したレジャー、リゾート開発、砂地農業の観光化の展開や、北遠地区は天竜浜名期鉄道沿線における観光・レジャーの展開、袋井市は小笠山周辺開発の推進、大井川流域は大井川鉄道を活用したお茶の魅力発信や観光、奥大井や南アルプスを視野に入れた山岳観光、トレッキングなどである。そして更に静岡空港や新東名を組み合わせた新たな観光資源の発掘などが軌道に乗れば掛川市は県中西部にまたがる文字通り交通拠点市となり得るのである。

　以下は、日本・静岡県が少子化、人口減少の段階を迎えて、夢物語のレベルに達しているかもしれない。

　掛川市のみならず県域全体の発展のためにも新幹線掛川駅はその第

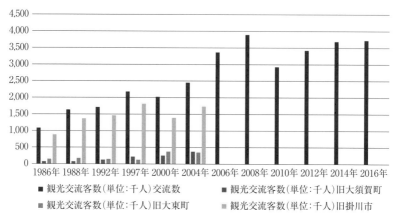

図 7-2　観光交流数（単位：千人）

一歩となる拠点性をもっていると著者は思う。大きな夢であるが、掛川駅に大井川鉄道が乗り入れ、天竜浜名湖鉄道と連結し、天竜二俣駅に遠州鉄道が乗り入れる。そしてゆくゆくは静岡空港と新幹線掛川駅を鉄道やモノレールなどで連結すれば、掛川駅は静岡県の一大広域交通拠点駅となり、国内はもとより世界からも注目されるだろう。そうすれば合併後の榛村の果たせなかった夢は実現できる──。そう著者は空想している。

　榛村市政のまちづくりの効果は掛川市の観光にも現れている。掛川市の観光交流客数は、1988（昭和63）年の新幹線新駅開業後、着実に増加している。1993（平成5）年、東名掛川インター開通、1994（平成6）年には年掛川城天守閣復元、2003（平成15）年には花鳥園オープン、2006（平成18）にはNHK大河ドラマ「功名が辻」放映、2012（平成24）年、新東名開通などビッグプロジェクトが相次ぎ、また市内各所でイベントが開催されてきた。2006（平成18）年以降は常時300万人程度の交流人口がある。

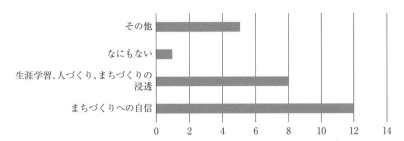

図 7-3　榛村市政の 28 年間は、市民に何をもたらしたと思いますか（複数選択可）

② 榛村市政の 28 年間は、市民に何をもたらしたのでしょうか？

インタビュー対象者の代表な回答を以下に示す。A は「掛川市を深く知ることになった」、B「掛川市の情報が全国へ発信」、C「都市の評価をあげた」、F「自分の意欲次第で学びの継続性」、I、J「自治体のブランド力向上」、G「市民に夢と希望をもたらした」、H、L、N「魅力あるまち、誇れるまち」、I、O、Q「まちづくり参加」、R「郷土愛」などと目に見えないメリットなどについて、多数のものが回答している。

次に、インタビューをキーワードごとに集計した結果を示す。
複数選択可
1}　まちづくりへの自信……………………………………12 人
（回答中のキーワード：人間形成、県政の谷間からの脱却「イメージの変化」、市民にロマン・やる気を持たせる、自己の向上、リーダー的市民の増大、まちづくり参加、向上心）
2}　生涯学習、人づくり、まちづくりの浸透…………8 人
（回答中のキーワード：全国へ情報発信、学びへの気づき、行政市民間の情報公開、三層建て生涯学習システム、地域への愛着心、郷土愛）
3}　なにもない………………………………………………1 人

(回答中のキーワード：大企業本位の大開発、借金の増大・押しつけ、財政破たん、高い水道料、国保料)
4| その他 ……………………………………………… 4人
(回答中のキーワード：とは何か学舎設立「人づくり」、町の飛躍的発展)

・著者によるインタビュー分析
　「榛村市政が進めた生涯学習運動がまちづくりを、生涯学習運動が人づくりを浸透させた」「榛村市政は市民のまちづくり参加への動機付けを行い、掛川市を県政の谷間から脱却させた町を飛躍的発展させて、市民にロマンや、やる気を醸成させた」、など肯定的な意見がほとんどであった。少数意見では、「大開発をすすめ借金を増大（財政破たん）させた」という意見もあった。
　こうした意見を受けて、新幹線駅設置後の製造業の進展を工業統計に基づいて記述してみる。
　掛川市における最も顕著な動きは企業誘致の進展であり、その中心となっているのが「掛川東部工業団地（エコポリス）」である。掛川市には、すでにヤマハ㈱、㈱資生堂、静岡日本電気㈱といった大手企業が進出してきたが、さらに工業集積を高めるために市が県内でも最大級の約100haの工業団地を開発した。造成に着手した1987（昭和62）年当初は、企業の海外進出が盛んになってきたこともあり完売を疑問視する声も聞かれたが、最終的には予定より1社多い11社の進出が決まった。
　進出企業はいずれも優良企業であり、11社の総投資額は1,062億円、完成後の製造出荷額は2,048億円が見込まれた。1989（平成元）年度の市内507事業所の出荷額は2,857億円であり、数年後にはこのほぼ7割に匹敵する工業集積が新たに誕生したわけである。
　「エコポリス」が当初の懸念をよそに理想的な展開となった背景と

して、出張や来客といったビジネス上のニーズはもとより、単身赴任者の帰宅など進出企業にとって新幹線の意義はきわめて大きい。エコポリス以外にも、ここ数年の間に数社の大手企業の進出につながった。掛川市の工業はここへきて大きな飛躍を遂げたのであった。

もちろん、「新幹線効果」は、既存企業にも及んでいる。特に、市外に本社を置く既存の新出企業では、東京で行われる午前中の会議に

表7-2　静岡県下市町村製造品出荷額順位表（単位：億円）

順位	1975年 市名	出荷額	1990年 市名	出荷額	1995年 市名	出荷額	2000年 市名	出荷額	2005年 市名	出荷額
1	浜松	16,934	浜松	19,385	浜松	19,659	浜松	19,332	浜松	27,553
2	富士	14,194	富士	17,525	富士	16,663	富士	14,030	磐田	20,679
3	清水	9,981	静岡	10,729	湖西	10,296	湖西	11,997	静岡	16,222
4	静岡	8,365	清水	10,602	静岡	9,464	磐田	10,116	掛川	14,469
5	磐田	7,961	湖西	9,518	清水	9,084	掛川	9,183	湖西	13,306
6	沼津	6,950	磐田	9,317	磐田	8,813	静岡	7,804	富士	13,020
7	湖西	5,532	沼津	9,217	沼津	8,643	清水	7,790	富士宮	7,103
8	焼津	3,626	裾野	4,914	掛川	5,316	沼津	7,404	沼津	5,986
9	藤枝	3,480	御殿場	4,855	富士宮	5,244	富士宮	5,546	裾野	5,852
10	裾野	3,164	富士宮	4,810	藤枝	4,657	御殿場	4,316	牧之原	5,774
11	御殿場	3,109	藤枝	4,677	御殿場	4,362	裾野	3,933	御殿場	5,258
12	富士宮	3,096	焼津	4,436	焼津	4,021	焼津	3,840	袋井	4,878
13	島田	2,731	袋井	3,886	裾野	3,964	藤枝	3,650	藤枝	3,563
14	掛川	2,719	島田	3,124	袋井	3,412	浜北	3,453	島田	3,368
15	三島	2,435	掛川	2,999	島田	3,256	袋井	3,427	焼津	3,277
16	袋井	2,410	三島	2,956	三島	3,162	三島	2,907	三島	2,977
17	浜北	2,038	浜北	2,495	浜北	2,673	島田	2,819	菊川	2,585
18	天竜	369	天竜	694	天竜	685	天竜	988	伊豆の国	1,616
19	伊東	175	伊東	221	伊東	183	伊東	156	御前崎	969
20	下田	164	熱海	112	熱海	85	熱海	56	伊豆	233
21	熱海	91	下田	78	下田	69	下田	54	伊東	135
22									熱海	43
23									下田	41
計		99,527		126,550		123,711		122,800		158,887

朝出発しても遅れず参加できるようになり、また、採用に当たっても掛川への新幹線通勤を前提とした対応が可能になるなど、大幅な利便向上を強調する声が多かった（静岡経済研究所「経済月報」No. 339、1991年6月）。

進出企業のなかには、工場敷地内に新たな「企業資料館」を建設、すでにオープンしている美術館と併せ掛川工場を文化活動の拠点として、さらに研究機能も持たせた企業もあった。これは、人材交流の活発化による情報受発信機能の強化等を戦略的に活用し、掛川工場の位置づけを高めていこうとする動きの一つの例といえよう（静岡経済研究所「経済月報」No. 339、1991年6月）。

掛川市の工業集積は（表7-2）（図7-4）でみられるように「新幹線効果」を裏付けるように目覚ましく発展していくのである。合わせて商品販売額についても記述する。

2008（平成20）年は、製造出荷額1兆6,112億円で1986（昭和61）年の4,311億円の3.74倍という急激な伸びを示している。1988（昭和63）年旧掛川市は県下21市中15位だったが、合併した2005（平成

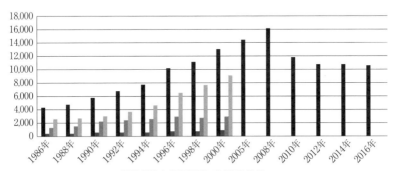

図7-4　製造品出荷額（単位：億円）

17)年は飛躍的に伸び、23市中4位となった。このことは、合併による市域の拡大効果というよりも、1988（昭和63）年の新幹線新駅の開業の期待を契機に、県下に先駆けて、工業団地の造成に着手し、優良な企業を誘致したことが理由として挙げられよう。すなわち、掛川市のまちづくりは、就業機会の増大や税収確保に貢献するとともに人口増につながった。

　掛川市のまちづくりは、残念ながら商業活動の発展をもたらすことはできなかったようである。商業の発展は、掛川市の問題ではなく、周辺地域の商業やひいては静岡市・浜松市との競争下で行われるからである。掛川市の商品販売額は、2004（平成16）年のピーク時には、2,321億円と1985（昭和60）年比1.95倍の急激な伸びを示している。旧掛川市は1994（平成6）年にジャスコ、1997（平成9）年にユニーが閉店したものの堅調に推移したのは郊外にショッピングセンターが出店し販売額のカバーをした結果と思われる。しかしながら、2004（平成16）年以降は、販売額は低調に推移している。磐田市、袋井市の郊外の大型店に購買客が流出傾向にあると思われる。

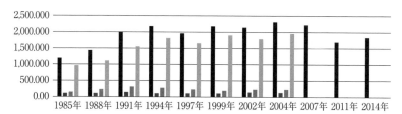

図7-5　年間商品販売額（単位：億円）

③　榛村市政は借金を残したと言われますが、このことについてどう思われますか？

　インタビュー調査対象のうち、榛村市政に対して批判的な二人があげている借金について、回答者のおおむねが、肯定的である。具体的な回答は以下のとおりであった。A「必要最小限にとめた」、B、E、G、I、O、P、Q、R「遅れたインフラの先行投資」、C「無形の資産、税収も増」、D「情報提供と市民の納得」、H、J「掛川市発展のために必要な借金、資産も増やした」、K「市債は投資するものが長期的に各世代に活用され、市民にとって事業効果が上がるものであれば何ら問題ない。榛村市政においては限度を超えたものではなく何ら問題ない」としている。

　さらに、M「マイナス効果よりプラス効果がはるかに大きい」、N「無駄なことはなかったと思う。もっとやってほしいことはあった。上手なお金の使い方をしたと思う」、L「榛村市政における借金は、将来市民の幸せと利便に資する先行投資の財源であったと思う。新幹線掛川駅、掛川城天守閣、東名掛川インター、エコポリス工業団地と企業誘致、市庁舎の建設などこれらのすべての事業が今日、掛川市の発展の礎となっていることは現在市民すべてが認めていることである」。肯定的な見解が多く、特にLのように、榛村市政を絶賛する回答もあった。

　Sは「榛村市長退任時2005年には、524億8,800万円の借金が残った」と述べているが、確かにSの指摘のとおりの額の借金はある。ただし、表7-3を参照願いたい。2004（平成16）年度の旧掛川市の市債現在高は、320億円余である。この200億円の差は以下の理由による。すなわち、Sの言う現在高は、2005年に市町村合併した後の新掛川市の市債現在高であることがわかる。よって旧大東町、旧大須賀町の借金も含まれていることになる。

　また、Sは、「財政力指数0.9と低迷している」ことを指摘してい

表7-3 掛川市財政況指数に関する調書（単位：千円）

区分	2004年度	2005年度	2006年度	2007年度
歳入決算額	26,764,699	45,440,962	42,189,033	41,457,635
歳出決算額	24,994,426	43,004,412	40,451,604	39,752,999
歳入歳出差引額	1,770,273	2,436,550	1,737,429	1,704,636
翌年度繰越財源	-	232,613	183,226	160,952
実質収支	1,770,273	2,203,937	1,554,203	1,543,684
単年度収支	1,023,594	2,203,937	△649,734	△10,518
基準財政収入額	10,868,287	16,884,028	18,156,759	18,410,867
基準財政需要額	11,327,921	17,395,645	17,582,157	17,643,372
標準税収入額等	14,359,905	22,150,701	23,653,817	23,905,485
標準財政規模	14,819,539	23,686,909	24,564,888	24,807,639
財政力指数（単年度）	0.93	0.9	0.96	1.01
経常一般財源等比率（％）	97.3	103.6	96.8	95.9
公債費比率％）	16.7	16.9	16.8	17.9（公債費負担比率）
起債制限比率（％）	12.4	11.8	12.4	-
実質公債費比率（％）	-	17.1	18.3	16.5
将来負担額	-	-	-	90,758,975
＊将来負担比率（％）	-	-	-	148.8
地方債現在高	32,036,309	52,487,527	51,750,621	49,890,820

出典：掛川市財政課提供「各年度決算状況表および財政状況指数に関する調書」
＊将来負担比率は「地方公共団体の財政の健全化に関する法律」（平成19年6月22日公布）により4つの財政指標が「健全化判断比率」として定められたうちの一つの指標。将来負担額はその根拠となる数値。

る。「静岡県経営管理部市町行財政課資料」によれば、掛川市の29年度の財政力指数は0.894で23市中11位である。また、市の平均は0.886、県計では0.887、平均よりも上位にあることを理解すべきであり、決して掛川市の財政力は批判されるような悪い状況ではない。表7-3でもわかるように財政力指数は、合併前後の2004（平成16）年度、0.93、2005（平成17）年度、0.90、2006（平成18）年度、0.96、2007（平成19）年度は1.01と地方交付税不交付団体（実際には合併

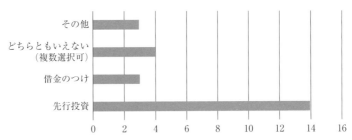

図7-6　榛村市政は借金を残したと言われますが、どう思いますか
（複数選択可）

特例で旧大東町・旧大須賀町分に対応する額が交付されている）となっている．

Tは「市の借金総額が1,000億円を超えた」と述べているが、再度表7-3を参照すると、2007（平成19）年度900億円余の将来負担額があるが、この金額も合併後の1市2町の合計の将来負担額ということになる。いずれにしても、新掛川市には少なからぬ借金があるので、基礎的収支バランスを保ち、できるだけ財政健全化を図ることは喫緊の課題であることに間違いない。

次に、インタビューをキーワードごとの集計した結果を示す。
複数選択可
1｝　先行投資 ……………………………………………… 14人
（回答中のキーワード：立ち遅れたインフラ整備、無形の資産「利便性・快適性」、税収増、活性化のための先行投資、多数の企業誘致、計画的借金、返済能力）
2｝　借金のつけ ………………………………………………… 3人
（回答中のキーワード：旧2町の思い入れ、借金1千億円、無理な開発施策）
3｝　どちらとも言えない ……………………………………… 4人
（回答中のキーワード：必要最低限に抑制、功罪相半ば、賛否両論）

4| その他 ……………………………………………… 3人
(回答中のキーワード：借金はあるが無理な額ではない、世代間の公平負担、必要な借金)

・著者によるインタビュー分析

　この質問項目については、回答者の意見が割れると予想したが、意外と先行投資のための必要な借金だったと回答する人が多かった。先にも触れているが、当時の掛川市は、県政の谷間とやゆされるほど地盤沈下していたのを、榛村市政になって立ち遅れたインフラ整備を積極的に進めた経緯がある。借金は先行投資であり世代間の公平負担をして返済する能力があれば問題無いという回答が多かった。もちろん批判は常に存在していて、無理な開発施策が借金を1,000億円にもしたという回答があった。

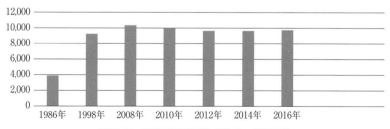

図7-7　固定資産税額（単位：百万円）

　掛川市のインフラへの投資の結果である固定資産税の動向をみてみよう。1955（昭和30）年代から他市に先駆けて推進してきた区画整理事業の完成などによる住宅の新規着工をはじめ、1988（昭和63）年の新幹線新駅開業を起爆剤とした都市型ホテルの立地や、工場進出、1992（平成4）年の工業団地（エコポリス）完成に伴う企業進出により固定資産税は著しく増加してきた。1986（昭和61）年に比較すると1998（平成10）年、92億2,500万円と、2.64倍になっている。

しかし、2008（平成20）年をピークに景気不況に伴い伸び悩んでいるが、90億円台を維持している。

④　榛村市長の提唱した生涯学習まちづくりは、今でも市民に浸透しているでしょうか？
　次に、インタビューをキーワードごとの集計した結果を示す。
　C、G、H、K、M、P「生涯学習運動は、形は変わったが浸透されている」「市民総代会システムが続いている」、D、I「旧掛川市民には浸透しているが、旧2町に理解されてない」、A、B「現市長に意欲がない」、N「中高年には浸透、若い人には疑問」、O「生涯学習理念に基づく施策がない」、Q「今のまちづくりは少し違うと思う」、R「ある程度浸透している」、F「浸透しているが働くだけが趣味の人もいる」、S「もともと浸透していない」、T「上からの押しつけである」など多くの肯定的な評価と少数の否定的な評価の両方が存在している。

次に、インタビューをキーワードごとの集計した結果を示す。
複数選択可
1﹞浸透している …………………………………… 12人
（回答中のキーワード：生涯学習ひとづくりが根付く、生涯学習センターが充実、市民の自覚、生涯学習宣言都市が今でも息づく、参加型学習充実、協働参加型社会へ移行）
2﹞ある程度浸透している ………………………… 3人
（回答中のキーワード：年齢層による浸透「40代以上」、現市政は具体的施策が不足）
3﹞浸透していない ………………………………… 3人
（回答中のキーワード：現市政は①本質的内容伝わらない②旧2町に継承されてない、市長の交代、榛村氏不在、生涯学習の文字が消滅）

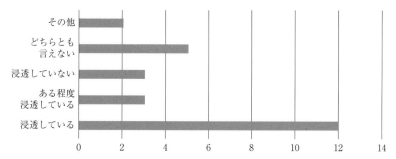

図7-8 榛村市長の提唱した生涯学習まちづくりは、今でも市民に浸透しているでしょうか（複数選択可）

4｜ どちらとも言えない ················· 5人
（回答中のキーワード：完全に浸透は疑問だが評価は高い、若い世代浸透していない）

5｜ その他 ························· 2人
（回答中のキーワード：現市長に意欲がない、現施策「まちづくり協議会」による上から目線）

・著者によるインタビュー分析

　全体的には、生涯学習まちづくりは、住民主体のまちづくりとして今でも浸透していると回答した人が多かったといえよう。生涯学習都市宣言が今でも息づくまちとして市民が誇りを持っていることが分かる。半面、今の生涯学習は榛村市政後の現体制下の生涯学習の意欲、継承を不安視する人が多いことも事実である。故に当時の生涯学習で育った人と若い人では乖離があるのではないか、旧2町の市民には全く継承されていないではないかという人、生涯学習の文字が消えた、上から目線の生涯学習だ、とインタビューで回答する人もいた。

　前述のように、榛村の進めた生涯学習まちづくりについては、一部の人を除いてほとんどの人が良い評価をしている。ただ著者として気になるのは、榛村市政後の生涯学習について、インタビューに回答し

た人々の評価が悪いことである。特に榛村市政後の現体制の生涯学習運動の評価は、住民主体から行政主体のまちづくりになったと批判している人が多い。また、回答者たちは旧2町の住民の生涯学習に対する浸透率が悪いことを危ぐしていることがわかった。今後の課題であろう。

⑤ 榛村市長の生涯学習まちづくりは、住民主体のまちづくり運動（下からの運動）だったのでしょうか。それとも市長自らの押しつけ（上からの管理、教化）だったのでしょうか？

　主な回答は以下のとおりである。

　Aは「市長自らの押しつけではなく下からの運動であり、対話中心に行った」、B「市民が自分達でまちづくりを実現した」、C、N、O、Q、R「最初は上からだったと思うが途中からは市民が動いた」、D「市長は自らの哲学、理想、信念によるまちづくりを進めるために住民参加をうまく取り入れた」、E「リーダーが先見性を市民に伝えていくことは、為政者の役割、『上からの』であってもよろしい」、G「最初はやや押しつけだったと思う」、H「掛川市の生涯学習まちづくりは、住民主体のまちづくりというより榛村市長の強いリーダーシップのもとに進められた。住民主体とは言えないだろう」、I「教化という捉え方もあるかもしれないが、上から下からではなく『提唱』と『呼応』で評価」、J、K「首長が自ら提唱したことは首長の決断であり、全国的評価を得た施策であった。押しつけだったとは思っていない」、F「まちづくりの一環である」、L「市長の強烈なリーダーシップに触発され、それに賛同した住民運動であった。30億円募金も市長の押しつけでは決して実現できなかった」、S、T「上からの押しつけ以外の何物でもない」と、賛意を示す回答者と批判する回答者が存在している。

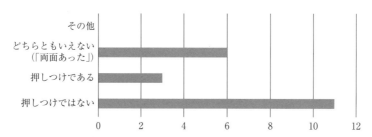

図 7-9 榛村市長の生涯学習まちづくりは、住民全体のまちづくり運動(下からの運動)だったのでしょうか。それとも市長自らの押しつけ(上からの管理、教化)だったのでしょうか。

次に、インタビューをキーワードごとの集計した結果を示す。
1] 押しつけではない……………………………………11人
(回答中のキーワード:対話中心、自分たちの町づくり、為政者の役割、下からの運動「一人一芸一スポーツ」、総代会システムの効果、市民意見の場所、実行性、官民のボトムアップ、提唱・呼応で評価、市長の熱意が市民を動かす、良質な住民運動、住民主体のまちづくり、市長のリーダーシップで住民が議論して合意した)
2] 押しつけである………………………………………3人
(回答中のキーワード:上からの押しつけの何ものでもない、住民主体に見えるが押しつけ「天守閣、掛川駅」の寄付、住民主体ではなく市長のリーダーシップが強い)
3] どちらとも言えない(「両面あった」)……………6人
(回答中のキーワード:押しつけが途中から市民参加、情報化が未熟、理解に時間が必要、良くも悪くも市長主導、竹ヤブ生涯学習から竹の子生涯学習など)
4] その他…………………………………………………0人

・著者によるインタビュー分析
　この質問は少し難しいように思えた。押しつけであると回答した人

は少数で、市長自らの押しつけではないと回答した人が多数いた。押しつけではないと回答した人が挙げた理由は、対話中心だった、市民がみんなで考えた、市民が意見を述べた、提唱・呼応で評価、市長の熱意、良質な住民運動、住民主体のまちづくり、為政者の役割、市民の熱意と評価は好評だった、などがその評価の根拠であった。最初は押しつけのように見えたが、提案し、議論し、合意していく過程（総代会システム）は民主的という意見もあった。また、どちらとも言えないと回答した人も数名いた。少数の個別意見に、寄付金は押しつけだという意見もあった。

　生涯学習まちづくりについては、いろいろ議論を呼んでいる。著者なりに考えてみると「学習」は、個人（自ら）の欲求から、学習し自己実現を図ること、「教育」は他者（教師）が教えて個人が学び育つことではないか。学習だから教育とは言えない。教育だから学習とは言えないという対立の構造ではないと思う。

　著者は次のように考える。学校教育があるから社会教育がある。この解釈でいけば、学校教育を終えた人（人間）が社会教育につながっていく。しかし、社会教育には幼児教育、青少年教育、婦人（女性）家庭教育、成人教育も包括する。であるなら学校教育の後にくるものでもない。では、生涯学習はどの分野に入るのだろうか。著者は、生まれてから死ぬまでの生涯教育（学習）全てを包括する概念だと思っている。

　また、生涯学習の概念も時代の要求と共に変化している。1970年代東京一極集中から地方の時代と呼ばれるようになり、国は地方の拠点整備にインフラ整備を積極的に進めていた。

　1977（昭和52）年に初当選した榛村は、全国に先駆けて「生涯学習都市宣言」をした。そしてすぐさま、生涯学習運動を進める。榛村は、生涯教育では上からの押しつけになるので、生涯学習の奨励を進めたのだ、と宣言したのである。生涯学習の理念は住民に最初は浸透

しなかったことは著者も頷ける。

　しかし生涯学習を進めることによって、地域の課題、行政の課題が明らかになったのである。それは、当時、疲弊した掛川市に活力を与える大きなパワーとなった。地域の最大の解決課題は何か、それは地域を分断していた東海道新幹線であった。そのマイナス条件をプラスにして行くには駅をつくるしかないと、住民に呼びかける。これこそが榛村の唱えた「生涯学習まちづくり」である。

　榛村の強いリーダーシップは、社会教化に見えたかもしれないが、本人にそんな気持ちは毛頭なかったと、榛村自身へのインタビュー調査からも著者は知ることができた。新幹線募金も強制寄付と新聞紙上で全国に話題になった。しかし、榛村は初志貫徹、火に油を注いだように信念を貫いた。そして多くの住民が賛同した。榛村市長の揺るぎない精神があってこそ30億円ともいわれる寄付金が集まったのである。

　今は、募金した人も「損をした」「馬鹿をみた」という人はいないと著者は思っている。「いい町になった」「掛川が誇りだ」「榛村だからできた」という人が大勢占めていることが、インタビューから知ることができたといえよう。

　表7-4は、1979（昭和54）年度から2004（平成16）年度に行われた、市民総代会地区集会および中央集会に出席した人数をとりまとめたものである。その間、延べ32,807人が出席している。この地区集会で、「生涯学習運動」や「まちづくり」が議論された。中央集会のなかで意思統一されていく市民総代会システムから、新幹線掛川駅設置の住民の機運は生まれたといっても過言ではない。

表7-4 市民総代会26年のあゆみ

第26回までの市民総代会出席者数　32,807人

回数	年度	総代数	春の中央集会		秋の地区集会	
			出席総代数	出席率	出席総代数	出席率
1	昭和54	437	279	63.80 %	312	312
2	昭和55	443	282	65.90 %	311	363
3	昭和56	467	284	60.80 %	325	360
4	昭和57	444	310	69.80 %	287	523
5	昭和58	445	346	77.80 %	311	549
6	昭和59	449	360	80.20 %	320	705
7	昭和60	443	338	76.30 %	307	584
8	昭和61	443	355	80.10 %	332	673
9	昭和62	442	364	82.40 %	345	810
10	昭和63	452	371	82.10 %	331	852
11	平成元	492	385	78.30 %	356	923
12	平成2	489	374	76.50 %	354	996
13	平成3	490	344	70.20 %	353	1,038
14	平成4	498	370	74.30 %	323	972
15	平成5	513	345	67.30 %	339	983
16	平成6	492	389	79.10 %	358	1,044
17	平成7	495	406	82.00 %	359	1,025
18	平成8	495	401	81.00 %	359	1,040
19	平成9	490	391	79.80 %	340	1,092
20	平成10	493	412	83.60 %	363	1,048
21	平成11	504	408	81.00 %	355	1,157
22	平成12	497	371	74.60 %	371	1,129
23	平成13	493	398	80.70 %	363	1,308
24	平成14	501	404	80.60 %	394	1,308
25	平成15	501	362	72.30 %	403	1,306
26	平成16	501	381	76.00 %	390	1,267
合計		12,409	9,440	76.10 %	8,961	23,367

※第16回（平成6年度）中央集会から、各区一人の女性代表が出席しています。
※地区集会出席者数は、総代（区三役）、その他区役員、市・県議会議員、小・中学校長、公立幼稚園・保育園長の合計です。

出典：住民主体の市政のために「市長区長交流控帳」No.26、掛川市区長連合会・掛川市（平成17年3月）

2) 新幹線掛川駅の波及効果

① 掛川駅の実現性について、新幹線掛川駅は停車できると思いましたか？

インタビュー対象者の回答は下記の通りであった。

B、F、J、N、P、Tの6人は「止まるとは思わなかった」と述べている。C、L、O、R「新幹線駅は夢のまた夢であった」、D「やることはいっぱいあって駅どころではないと思った」、I「できると思った」、K、Q「駅の内定や募金の進み具合をみて途中からできるかも知れないと思った」、S「国鉄の必要性であると述べている」、E「当時の市民の7割はできないと思っていたと思う」とそれぞれ述べている。

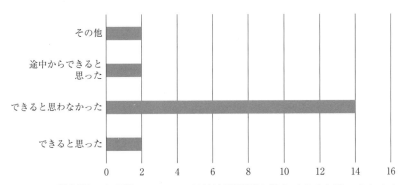

図7-10 掛川駅の実現性について、新幹線掛川駅は停車できると思いましたか

次に、インタビューをキーワードごとの集計した結果を示す。
1〕できると思った……………………………………2人
(回答中のキーワード：鉄道マンの情報、担当者だった)
2〕できると思わなかった……………………………14人
(回答中のキーワード：夢物語、想像できない、実力無し、巨額な費

用負担、県内に駅が複数、国鉄が許可しない)
3│ 途中からできると思った……………………………2人
(回答中のキーワード:待避駅の話、市長の理論的な話)
4│ その他……………………………………………2人
(回答中のキーワード:半信半疑、国鉄の必然性、ダイヤ編成)

・著者のインタビュー分析

　駅の実現性については、夢物語、実力不足、重い費用負担、県内の新幹線駅が既に多いなど、ほとんどの回答者ができるとは思わなかったと回答していた。新幹線掛川駅の内定や募金の集まり具合から、途中からできると思った人もいたが当初は皆無に等しかったのではないか。少数だが国鉄の必然性と回答した人もいた。しかし、1988(昭和63)年3月13日に新幹線掛川駅開業以来、多くの人が新駅を利用し(図7-11)、データの得られた2000年までであるが毎年着実に新幹線利用客が増えていることは、掛川市民や周辺市町村の期待がいかに大きかったかを表している。

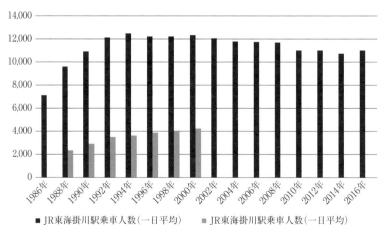

図7-11　JR東海掛川駅乗車人数一日平均(単位:人)

＊

　新幹線を含めたJR掛川駅利用客は2016（平成28）年は1万1,000人で、1986（昭和61）年比1.54倍と順調に伸びている。2000（平成12）年新幹線駅乗車人数は4,230人で、開業時の1.77倍である。新幹線駅開業によって乗車人数も急増し、以後も掛川駅乗車人数は新幹線駅乗車人数と合わせて1万人以上の利用者が確保されている。

　新幹線掛川駅開業後の駅地区の発展ぶりとその可能性について、読売新聞は以下のように報じている。

　掛川市のJR東海掛川駅の駅南に結婚式場を備えた初めての都市型ホテルが建設される。1987（昭和62）年5月8日、起工式が行われた。掛川市内ではこのほか3軒のホテル建設が予定されており、来春の東海道新幹線掛川駅開業を迎えて空前のホテルラッシュとなりそう

表7-5　2003年（平成15年度）ホテル、旅館、簡易宿泊所施設数および客室一覧表

中東遠地域市町村	施設数					客室数				
	ホテル	旅館	簡易宿所	下宿	計	ホテル	旅館	簡易宿所	下宿	計
掛川市	18	21	4	0	43	1,213	180	51	0	1,444
菊川町	3	5	2	0	10	103	94	7	0	204
小笠町	0	3	2	6	5	0	27	5	0	32
浜岡町	6	42	5	0	59	303	699	96	97	1,195
大東町	1	8	1	0	10	14	113	5	0	132
大須賀町	0	3	0	0	3	0	28	0	0	28
磐田市	5	16	0	0	21	242	157	0	0	399
袋井市	4	15	1	1	20	186	257	10	0	453
森町	0	5	2	0	8	0	39	13	7	59
浅羽町	0	1	0	0	1	0	12	0	0	12
福田町	0	4	0	0	4	0	65	0	0	65
竜洋町	0	1	1	0	2	0	5	5	0	10
豊田町	3	0	0	0	3	124	0	0	0	124
計	40	124	18	7	189	2,185	1,676	192	104	4,157

出典：静岡県統計年鑑　衛生

だ。市内にはビジネスホテル4軒を含め29軒の宿泊施設があるが、小規模で企業が得意客を泊める場合、浜松や磐田市などのホテルを利用することが多く「どうしても都市型ホテルが必要」(掛川商工会議所)という。(読売新聞 1987・5・9)

この新聞報道から読み取れることは、新幹線掛川駅開業後のホテル等の立地件数である。2003(平成15)年度から静岡県が統計を取り始めたホテル等の施設数を、1987年の新聞報道資料と比較すると1987(昭和62)年より増加して掛川市の都市としての拠点性を高めていることがうかがえる。(表7-5)

資料が得られた1991(平成3)年以降、新幹線駅設置後の事業所数等をみると周辺市に比較して、支所・支店・支社数が増加していることは、掛川市が中心都市として発展し、周辺市町村からの就業者の流入が活発であることが読み取れる。

表7-6 掛川市周辺市の単独事業所・本社・支社数

市名	1991年(平成3年)				2004年(平成16年)			
	総数	単独事業所数	本所・本店・本社数	支所・支店・支社数	総数	単独事業所数	本所・本店・本社数	支所・支店・支社数
掛川市	3,503	2,763	128	612	3,771	2,751	107	913
袋井市	2,885	2,213	111	561	2,921	2,140	100	681
磐田市	4,256	3,470	193	593	3,509	2,737	156	616
島田市	3,887	3,261	155	471	3,348	2,781	95	472

資料:事業所・企業統計 ＊新幹線掛川駅設置前のデータは人口30万人以上の都市対象

② 25億円募金について、25億円募金は達成できると思いましたか?

Sは「全国的にまれな多額の『強制的市民募金』が実現できるとは思わなかった。全国的にも例のない地元自治体負担であり、現在の政治情勢のもとでは『市長リコール』に値する状況ではなかったか。『オール与党』となって、無抵抗に推進してきたことも大きな要因で

ある。『一世帯10万円、一法人100万円』の市民募金を呼びかけ、推進市民会議の柱に捉えられて区長や町内会長、組長を半強制的に推進委員に組織して、地方財政法[41]違反の疑いすらもたれるように押しつけ募金を進めてきた結果でもある」と語っている。Tも「結果的に集まったが、無理矢理集めた結果であります。達成できないと思った」と述べている。

　一方Aは、「はじめは心配したが、生涯学習で対話していくうちに、できると思った。市民は先行投資と思って募金した」、Lは「国も県も税で対応すべきであると募金には反対であった。私も募金は到底無理だと思っていた」と述べているように、その他多くの人が、募金は達成できないと思っていたようである。しかし、J、Dは「新駅設置が現実になった時から可能と確信した」、Q、Pは「駅ができると思った瞬間」、O、Iは「説明会の盛り上がり」と回答しているように、現実的になった駅に思いも変化していった。

　そして募金目標額が1984（昭和59）年4月に20億円から1984（昭和59）年12月には25億円に増加したが、1986（昭和61）年2月の20億円達成からは、募金額は一足飛びに伸びていった。

　Hは、「よくぞ25億円の市民募金が集まったというのが感想。（中略）今考えると市長を先頭に関係者の血のにじむような努力があったはずだ。市長が取り組む新幹線新駅設置の夢にかけてみようとする流れ、大きなうねりのようなものができていったのではないか。説明力、説得力と熱意、そして生涯学習まちづくりを進める掛川市への期待、市長への信頼が根底にあり、市政始まって以来、初めての25億円募金が達成できたのではないか」と熱のこもった回答をしている。

次に、インタビューをキーワードごとの集計した結果を示す。
1｝ できると思った ……………………………………… 4人
（回答中のキーワード：賛成者多数、駅設置決定後、20億円達成から）

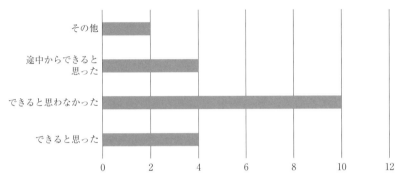

図7-12 25億円募金について、25億円募金は達成できると思いましたか

2| できると思わなかった ……………………………… 10人
(回答中のキーワード:皆目わからない、夢の又夢、10万円寄付信じられない、到底無理、国県も寄付は反対、多額な募金、強制的寄付)
3| 途中からできると思った ……………………………… 4人
(回答中のキーワード:市民ムードの高まり、市長の取り組み姿勢、募金が達成すれば駅は可能性大)
4| その他 ……………………………………………………… 2人
(回答中のキーワード:官民一体の成果、半信半疑)

・著者のインタビュー分析

　巨額な寄付金はできるとは思わなかったと回答した人が大部分だった。市民ムードの高まりや市長の取り組み姿勢をみて出来ると思った人、途中からできると思った人もいた。半信半疑の人もいた。

③　新幹線掛川駅はなぜできたと思いますか？

　A、F、G、H、T、J、L、N、O、P、Q、Rは「榛村市長の努力と人脈と市民の努力」、Bは「市民が子供、孫たちに財産として残そうと思った」、C「榛村市長の不屈の精神」D、K、M「市長のリーダーシップ」、E「地震対策」、S、Tは「もともとJRの必要性など」であ

る。多くの回答者は、市長、企業、市民、国、県、周辺市町村の努力を掲げている。ここに面白い回答がある。Gは、「新幹線駅は乗らないから必要ないという人もいた。停車すれば乗っているのに」と述べている。

しかし、一部の回答者は除けば、まず一番目に挙げるのは榛村市長のリーダーシップ以外にないと回答している。まさに榛村の登場がなかったならば、D「夢のまた夢」のような話であり、掛川新駅の実現はないとしている。それだけ榛村の新駅にかけるインパクトは大きかったし、市民の期待も尋常ではなかったと著者は評価する。

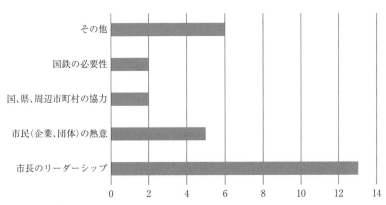

図7-13　新幹線掛川駅はなぜできたと思いますか（複数選択可）

次に、インタビューをキーワードごとに集計した結果を示す。
複数選択可
1｝市長のリーダーシップ ……………………………… 13人
（回答中のキーワード：市長の努力、不屈な精神、リーダーシップ、存在価値、まちづくりの取り組み、熱意と力、情報収集力、人脈、交渉力、政治力、先進的なアイデア、先見性、陳情力）
2｝市民（企業、団体）の熱意 …………………………… 5人
（回答中のキーワード：市民の努力、熱意、募金力、募金という市民

7. 榛村市政への評価と新幹線駅の波及効果　　161

のアピール、30億円募金の達成、「まちづくり、ひとづくり」の成果、関係者の熱意）
3｜ 国、県、周辺市町村の協力 ……………………………… 2人
（回答中のキーワード：県の理解、市町村の費用負担、県の負担、助成、国の法律改正）
4｜ 国鉄の必要性 …………………………………………… 2人
（回答中のキーワード：「のぞみ」「ひかり」の待避駅の必要性）
5｜ その他 …………………………………………………… 6人
（回答中のキーワード：子々孫々の財産、地震対策、地方財政法違反の押しつけの寄付金、議会との良好な関係、共産党以外のオール与党体制、高木元国鉄総裁の理解）

・著者のインタビュー調査分析

　市長のリーダーシップ（努力、不屈な精神、存在価値、取り組み姿勢、熱意と力、情報収集力、人脈、交渉力、政治力、先見性、陳情力、先進的なアイデア）という回答が圧倒的多数を占めた。次に市民（企業）の熱意が多かった。この理由はまちづくり、ひとづくりの成果だったと回答していた。さらに国、県、周辺市町村の協力もあったと回答していた。その他子々孫々の財産、議会との良好な関係と回答した人もいた。そもそも国鉄の必要性からだという人も少数いた。

3）募金運動の光と影

　1984（昭和59）年6月7日、市議会全員協議会で市民の寄付を新幹線掛川駅のための財源にすることを了承、事業費計上を6月定例市議会に上程することが決まった。これに続き、翌6月8日には東海道新幹線掛川駅設置推進市民会議の役員会が募金活動に乗り出す方針を決めた。

こうしていよいよ用地取得に向けて、その財源調達の活動が本格化しようというところに来て、一挙に問題が噴き出すことになる。掛川市の大きな夢に未来を託すか、掛川市が置かれている足元を見るか、真っ向から割れた議論が渦巻き、市民はもちろんマスコミも巻き込んで揺れに揺れたのである。

　まず、「押しつけ寄付」と決めつける反対派は、市議会の共産党議員を中心とする「新幹線新駅の押しつけ寄付と超過課税に反対する市民の会」準備会を6月16日開いた。メンバーは共産党市議をはじめ党員など13人であった。広岡代表は、「国鉄が掛川新駅を必要と判断するならば国鉄と政府の負担で建設すればよい・自主的な募金、寄付ならよいが、強制的もしくは半強制的なものには断固反対し、断行すれば地財法[41]違反で榛村市長を告発することも考えている」と強調した。当準備会は市議会閉会後、正式に同市民の会としてスタートすることになったのである（『東海道新幹線掛川駅建設記念誌』：p36）。

　次いで、1984（昭和59）年6月の掛川市定例市議会で18日、7議員が一般質問を行った。この日4議員が新駅建設費の地元負担問題に言及した。寄付の進め方についても「割り当て、強制になる恐れがあり、地財法に違反する」との指摘があった。

　掛川市議会6月定例会は19日も一般質問が行われ、新幹線寄付の問題が論議された。質問の要旨は、「自由な寄付といえるのか」「長期債など市費による充当計画を示せ」などであり、厳しい質疑が飛んだ。これに対し榛村市長は、前日と同様「寄付以外の財源調達方法は今後の課題」と繰り返した。

　この時期、40億円の国鉄への負担金のうち20億円という巨額な新幹線駅への予定寄付金は、期待も大きいが、集まらなかった場合の不安を考えると、市民も議会も未来を見るか、足元を見るか、揺れる募金活動であったことは間違いないだろう。

7．榛村市政への評価と新幹線駅の波及効果

4）市民5名へのアンケートのまとめ

　先のインタビュー調査から対象を変えて、榛村市長からやや距離を置きつつ、しかしながら当時の掛川市政と密接な関係にあった市民5名を選んで、質問紙によるアンケート調査を行った。以下にその結果を示す。なお、氏名は個人情報のため、アルファベットとした。

アンケートの内容：榛村市政28年間の良かった点、悪かった点をお答えください

表7-7　アンケート対象の5人の市民

氏名	役職等	回収日
U	静岡県日韓親善協会掛川支部会員	2018.01.18
V	主婦（元保育士）	2018.010.9
W	元教師	2018.01.08
X	大日本報徳社職員	2017.12.30
Y	元市役所部長職	2017.12.25

　○【よかった点】
・新幹線掛川駅設置、東名インター設置、掛川天守閣などの整備
・とはなにか学舎設立
・市民総代会の開催（三層建て生涯学習）
・生涯学習都市宣言、生涯学習センター設置
・将来を見据えた施政方針
・国とのパイプが強かった、実践力がある
・職員教育、市民教育（レジュメの活用）
・全国に誇れる町にした（話題性）
・市民参加、情報発信
・国からの助役、教育長招聘
・生涯学習まちづくり土地条例

- 地方分権の先取り、地方自治の確立
    ×【悪かった点】
- 若者の意見が反映できない
- 横柄な態度、会議中の態度、謙虚さがない
- 長期政権
- 行政と市民とのギャップ
- 発想が行政の押し付け
- 環境問題に関心薄かった
- 紙くず生涯学習（何でも生涯学習）
- 施設のネーミングがわかりづらい

著者の市民5名のアンケート調査分析

　榛村市政の28年間の良かった点をあげた人たちは、立ち遅れていた施設整備を評価する声が多かった。また住民主体のまちづくりを推進するため、生涯学習運動や市民総代会システムを挙げた。さらに、地方自治、地方分権の推進を評価、榛村の行動力、実践力もあげている。

　悪かった点には、長期政権下での榛村の横柄さをあげている。榛村市長の言葉になじめず市民と行政のギャップを指摘する人もいた。何でも生涯学習とごまかしているという意見や、発想自体が市民への押しつけと受け取る人もいた。

　5名の市民アンケートに榛村市長のひととなりへの評価が凝縮されているように思える。榛村市長の強いリーダーシップ性や先見性と、それらに起因する確固たる態度（横柄さ）は裏腹であると、著者には思えるのである。

5）2005（平成17）年4月23日　新掛川市長選挙結果

① 榛村元市長は、合併の選挙で敗戦しましたが、その理由は何だと思いますか？

インタビュー回答者は以下のように答えている。

A、B、D、I、Gなど、大勢が「長期政権（多選）」をあげている。さらにC、G、H、Oは、「榛村氏が当選すれば旧2町は新市の片隅になり吸収合併になってしまう」という警戒心が働いたという。さらに、C、Gは「市政のマンネリ化」、B、Mは「榛村氏の高慢さ」、Fは「市民目線ではなかった」、Sは「開発型政治、借金の押しつけ」と批判している。

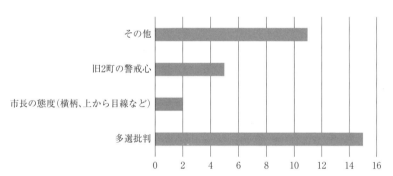

図7-14　榛村元市長は、合併の選挙で敗戦しましたが、その理由は何だと思いますか（複数選択可）

次に、インタビューをキーワードごとに集計した結果を示す。
複数選択可
1〕多選批判……………………………………………15人
（回答中のキーワード：長期政権、募金の町、市民負担の町）
2〕市長の態度……………………………………………2人
（回答中のキーワード：横柄、上から目線など）
3〕旧2町の警戒心………………………………………5人

(回答中のキーワード:生涯学習アレルギー、借金多額、悪い噂、旧2町の信頼)
4¦ その他 ·· 11人
(回答中のキーワード:市民の責任「大衆は時には愚か、烏合の衆」、夢の描ける合併枠ではなかった、対立候補の人気度、負けるとは思わなかった)

・著者のインタビュー調査分析

　回答者はほとんどの人が「多選批判」を挙げていた。やはり8期目の長期政権は有権者に飽きられることが、敗戦の最大要因であったと考えられる。また、長期政権による榛村市長の横柄な態度、上から目線などを指摘していた。また、合併による弊害として、旧2町の生涯学習アレルギー、借金多額の一人歩きや寄付金の町という悪いイメージを挙げている人もいた。偉大な市長を落選させた市民の責任を指摘する人もいた。

＊

　榛村は、1977(昭和52)年の初当選から1993(平成5)年の選挙までは共産党を除くオール与党体制で圧倒的な差をもって勝利した。1997(平成9)年の選挙は無所属同士の争いであったが相手候補は共産党系の候補者であった。このように榛村の圧倒的な勝利は前回同様オール与党体制で、榛村候補対共産党候補という戦いであったが6期目(多選)の選挙とあって票は減らした。

　2001(平成13)年の選挙は共産党以外に元市議の無所属候補の3人の選挙であったが、7期目の選挙とあって多選批判もあり勝利したものの苦戦した結果となった。ここに2005年の選挙結果の予兆をみることができた、ともいえよう。

　2005(平成17)年の合併後の選挙では、元衆議院議員の戸塚進也氏と旧掛川市長を7期務めた榛村氏という「大物」同士の対決は、小

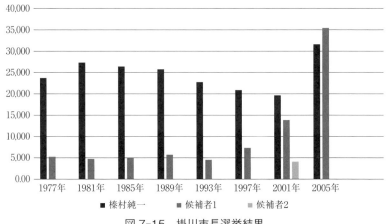

図 7-15　掛川市長選挙結果

　選挙区制への変更で1区（旧静岡市）に鞍替えして以来、ほぼ10年ぶりに地元での選挙戦に臨んだ戸塚氏が序盤の劣勢を跳ね返し、当選を決めた。

　選挙前の予測は以下のとおりであった。戸塚氏は、徹底した多選批判と「小笠三市の再合併」「歳費20％削減」といった分かりやすいメッセージを発し続けながらも、狙いとする「草の根選挙」には持ち込めず苦戦していた。一方、分厚い組織（自民党推薦、連合静岡推薦）に支えられた榛村氏の「横綱相撲」との観測も強かった。

　しかし、戸塚氏は選挙戦の中盤から人脈を生かした有名芸能人の応援を受けながら、集客力狙い方策が功を奏した。特に反榛村票が多いとされる旧掛川市の中心部と旧大東町で急速に支持の動きが広まった（静岡新聞2005年4月25日付）。

　なぜ、榛村は市長選挙に敗れたのか、その理由を3点ほどあげてみる。

（1）「腰の低い進也さん」と「横柄な榛村」という構図が象徴している。

　戸塚氏は、掛川市市議会議員を若くして経験している。国会議員と

しても中選挙区時代から旧大東町、旧大須賀町民もよく知っており投票を経験している顔なじみで、気軽にお店で食事をしたり、誰に会ってもお辞儀をして笑顔で話しかけるなど、腰の低さも承知している。それに比べて、「すれ違っても挨拶しない横柄でインテリな榛村氏」という冷ややかな目が有権者にあった。

(2)「借金漬けの掛川市（榛村市政）」という先入観

最後まで合併に消極的であった旧大東町では、「掛川と合併なら多額な借金を旧大東町民も負担することになる。その張本人榛村には投票したくない」という本音ともいうべき意見が合併間際になって大きな声となってきた。これを吹聴したのは、旧大東町の大物人物だったと後になって噂された。

この点については、榛村氏の名誉のためにも明確にしておかなければならない。2004（平成16）年度の合併前の1市2町の債務額を掲載しておく。前述のとおり、旧掛川市・旧大東町・旧大須賀町の債務の大きさは、下記（表7-9）が事実を証明している。一人当たりの債務額は旧掛川市が一番低い。この点は、1市2町での合併協議会で何度も議論しているはずであり、榛村陣営がしっかり反論すべきであった。

表7-9

市町名	地方債現在高（千円）	一人当たりの額（円）	債務負担行為今後予定支出額（千円）	一人当たりの額（円）
旧掛川市	32,036,309	392,857	7,065,596	86,644
旧大東町	8,808,069	420,654	2,505,843	119,673
旧大須賀町	8,439,611	688,105	2,950,898	240,595

出典：2004年度（平成16年）度　市町村財政の状況（積立金と負債の状況）静岡県経営管理部

（3）「榛村の独裁的政治（多選）」から「新たな民衆政治へ」の流れに便乗

榛村陣営も多選批判は折り込み済みであった。しかしながら、合併まで掛川市のために尽力をつくし、合併に精力的に努めた榛村市長がよもや落選するとは誰も思わなかったのが、当時の人々の思いであろう。しかし、水面下では、新市になっても榛村市長が君臨すれば、榛村氏の思うようにされ独裁的政治になるだろう、旧2町の職員、議員は捨てられてしまうという根拠のない危機感が募りつつあった。新市の市議会議員選挙も同時に実施されたので、自分の投票を獲得するために、榛村氏について不利な情報を取り上げ、市民の不安を利用したとも考えられる。言わば、民衆政治化（ポピュリズム化）である、木田の「都市レジーム論」が当てはまるのである。

榛村市長の選挙体制の出遅れは、最後の最後まで合併協議に明け暮れ、自分自身の選挙活動に集中できなかったことが大きい。榛村は選挙戦の後半には、「負けても仕方ない」と漏らし、相手陣営のように、「なりふり構わずの選挙に自分は向かない」と語っていた。榛村の市政28年間の自尊心がそうさせたのだろう。

表7-10 市長選挙候補者および得票数

西暦年	候補者氏名	党派	得票数	候補者氏名	党派	得票数	候補者氏名	党派	得票数
1977年	榛村純一	無	23,725	野口米吉	共産	5,191			
1981年	榛村純一	無	27,251	山田俊弘	共産	4,687			
1985年	榛村純一	無	26,452	平野定義	共産	4,895			
1989年	榛村純一	無	25,554	水谷陽一	共産	5,803			
1993年	榛村純一	無	22,799	平野定義	共産	4,574			
1997年	榛村純一	無	20,834	鷲山喜久	無	7,215			
2001年	榛村純一	無	19,467	松井正二	無	13,843	松浦敏夫	無	4,090
2005年	榛村純一	無	31,593	戸塚進也	無	35,292			

出典：掛川市選挙管理委員会 ＊2005年（平成17年）は合併後初の選挙

②　榛村市長は、合併の選挙で当選したら何をしようと思ったでしょうか？

　Fは「旧1市2町の平等なまちづくり」、H、I、J、Mは「生涯学習の第二ステージ」、Aは「合併の基礎づくり」、K、Dは「ひとづくり、まちづくり」、B、Oは「南北道路」、G、Nは「大学誘致」、Sは「財政破綻の解消」などと答えた。「わからないから本人に聞いてみたい」という人もいた。

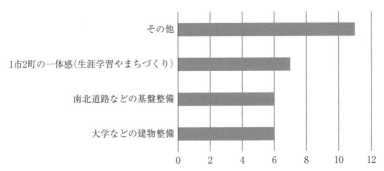

図7-16　榛村元市長は、合併の選挙当選したら何をしようと思いますか（複数選択可）

次に、インタビューをキーワードごとに集計した結果を示す。
複数選択可
1]　大学などの建物整備……………………………………6人
（回答中のキーワード）：リカレント教育、リーダー学（市長学）、コミュニティカレッジ、東京女子医大）
2]　南北道路などの基盤整備……………………………6人
（回答中のキーワード）：新東名、東名PA接続道路、新工業団地、天浜線の空港まで延長）
3]　1市2町の一体感（生涯学習やまちづくりなど）7人
（回答中のキーワード）：生涯学習のさらなる推進、合併の基盤づくり、事務事業の一体化）

4）その他 ……………………………………………… 11人
（回答中のキーワード）：二宮尊徳と報徳思想の普及、小笠山の利活用、遠州灘の活用、茶の効用の普及、ひかり停車、借金の解消等）

・著者のインタビュー調査分析
　ここの回答は、千差万別それぞれの思いを述べていた。旧1市2町の平等なまちづくり、生涯学習に関わる大学の誘致、コミュニティカレッジ、リカレント教育の充実など、あるいは新たな企業誘致や新工業団地、公共交通の整備などインフラに関する回答が多かった。さらに、生涯学習のさらなる推進、報徳思想の普及、小笠山の利活用、遠州灘海浜公園などの活用、茶の効用研究、ひかり停車、借金の解消などがあった。
　また、できたら榛村本人に聞いてみたいという回答もあった。このことは、8章まとめ、榛村市長のインタビュー結果を参照されたい。

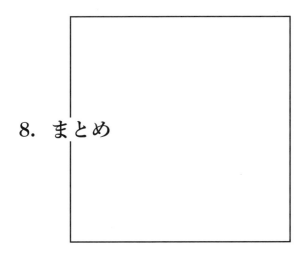

8. まとめ

1) 榛村市長のインタビュー結果

著者は前述のように、榛村市政の評価研究の集大成として、榛村純一へ直接、インタビュー調査を（2017年12月15日15時～16時30分、於：掛川市大日本報徳社）を行った。

以下に問いと答えを記述した。

【問1】

榛村市長の、「学習」「大学」というキーワードはどこから出てきた発想なのか。（住民生涯学習大学・生涯学習都市宣言・掛川市を大学のようにする。わが山、わが川、わが大学など）生涯教育構想＝ポール・ラングラン1965（昭和40）年提唱しているが、生涯学習とは言っていない。また静岡県は生涯教育の積極的推進で1969（昭和44）年県教育委員会の教育施策の重点項目として「生涯学習・生涯教育」が取り上げられているが榛村氏の影響か。

【答1】
①生涯学習の発想
　「まちづくり即生涯学習」と言ったのは私（榛村本人）だ。
　岩手県の金ケ崎町長が２番目に「生涯学習都市宣言」をしたが、榛村さんに先を越されたと悔しがった。
　生涯学習について、ラングランの言葉は「生涯教育」と訳されているが、日本語訳では「教育」とも「学習」とも解釈できる。私は、「教育」では上から目線の押しつけになり、市長が偉いとなるので、住民自ら学習する「生涯学習」を推進することにした。当時慶応大学学長（1960 ～ 65 年）中央教育審議会会長、高井象平氏に「そんな自信が無くてはダメだ」と言われたが、飯島宗一氏（名古屋大学学長、中央教育審議会委員）は賛成してくれた。
②大学の発想
　「大学」は学問を勉強するところ。大学は自主的に勉強をするところ。地域を押しつけではなく自主的に学ぶことによって大学のようにすることが狙いである。「地域学事始め」を提唱した。
【問2】
　新幹線駅構想はいつ頃からの発想でしょうか。（記念誌の冒頭では昭和 40（1965）年榛村氏提案の小笠国際空港構想の一環として早くも駅構想の運動が芽をだした）とされている。
【答2】
　その通りだ。小笠空港と共に駅を考えた。当時は、在来線と直結する駅ばかりでなく空港へ直接繋げる新幹線駅も考えた。
【問3】
　駅を作る根拠は何だったのでしょうか。
【答3】
①大勢の人が駅はできるわけがないと言った。しかしできる根拠は地域学を学ぶことだ。市民は掛川市の東西に５本の大動脈（東名高速道

路、新幹線、在来線、国道1号、バイパス）が通っていることは知っているが、1500m以内にあることは知らない。本当に迷惑だ。通る人の権利もあるが、止めて欲しい論理もある。それを学ぶことが大切だ。

②国鉄は当時新駅可能な条件は、1日乗降客6,000人、人口30万人の町といっていた。天竜川～大井川間には45万人（駅勢圏）いる。

③静岡駅～浜松間は71.5kmある。新幹線駅の区間としてこれほど長い距離は新幹線駅で見当たらない。

【問4】

　新幹線駅設置に影響が大きかった人物は榛村さんにとって誰だったのでしょうか。

【答4】

　私はキーパーソン（市長の応援団）と言っているが4人いる。

①下河辺淳＝国土庁事務次官、総合研究開発機構理事長

②高木文雄＝大蔵事務次官、国鉄総裁

③松浦功＝消防庁長官、自治事務次官、参議院議員（掛川市出身）

④山本敬三郎＝静岡県知事

　4人とも官僚である。

①下河辺氏は定住構想でお世話になった。その後掛川市に国土庁、建設省から助役を3名×2年＝6年、招聘してくれたお陰で、新幹線駅を始めインフラ整備が急激に進んだ。（桑島助役、深水助役、高橋助役）

②高木文雄氏は、以前から北海道の森林を歩いたりして、私と森林との関わりが強かった。「山とむらの思想：清文社」[42]の共著がある。清文社の久我社長と高木氏は仲が良かった。のちに国鉄総裁の折には多忙にもかかわらず、お忍びで掛川に来てくれたこともある。掛川駅についても特別に関心を持ってくれた。

③松浦氏は地元出身の官僚である。地方交付税交付金でお世話になっ

た。国会議員（参議院）出馬の時は、掛川市の票が多く出てとても喜んでくれて、「掛川市のことなら何でもする」と応援してくれた。
④県庁の職員が誰もが「掛川市が新幹線駅など出来るはずがない」と馬鹿にして、県の総合計画にも入れてくれなかった。（当時は自動車社会の交通体系だった）。しかし、山本県知事は新幹線掛川駅について応援してくれた。県の補助金も掛川市が大きな借金をしないよう前倒しで捻出してくれた。ありがたかった。

【問5】
　掛川市の生涯学習の推進は上から（市長の）一般教化（一方的押しつけになってはいけない）という人がいますが、私はリーダーが政策を提言することは当然であり、市民総代会等で議論することにより対立することもあるが民主主義の原則で市民が成長していく過程で重要なことと思いますがいかがでしょうか。

【答5】
　君（著者）の言う通りだと思う。

【問6】
　榛村氏の人脈はどこからできたのでしょうか。（みんなが不思議がっている）

【答6】
　私の人脈は、1963（昭和38）年掛川森林組合長、1967（昭和42）年県森林連合会専務理事をしている時にできた。高木国鉄総裁、八十島義之助氏（東大教授・工学博士）[43]は、お二人とも「森林」に対して興味を持ち、若い森林の組合長が静岡県にいると口伝えに聞いて対面した。そして親しくなり、信頼しギブ・アンド・テイクでお付き合いするようになった。高木さんは「ポピュラーに森林について書ける人」ということで私と出会うことになった。
　八十島さんは「保安林」について知りたいとのことから私と出会うことになった。そうした多くの出会いと交流があって、私が市政を経

営していく上でとても役立った。要は、自分にはない情報を持っている人たちの繋がりだった。そしてその人たちを介して新たな紹介者が生まれ、良質で新鮮な情報が手に入ったことは幸いした。

【問7】
　市町村合併後は何を最優先に（何をしたかったか）するつもりだったでしょうか。

【答7】
①クォーター計画。（町からどこでも15分で行ける交通網の整備）
　（余談だが、合併後の選挙で当選したら、国（国土交通省）から助役を招聘することになっていた）
②「掛川36景づくり」をして、生涯学習を初めて実現した「まち」を創造したかった。
　実現できなかったことは、私に徳がなかったこと、不徳である。
（選挙は何が起きるかわからない）

【問8】
　榛村さんがやろうとして出来なかったことは何ですか、お聞きしたいです。

【答8】
①大学を欲しかった。しかし、大学誘致は当時100億円以上の巨額な投資が必要で断念した。負け惜しみではないが、良い大学が来れば来るほど、地元の人間は入学できない矛盾がある。そういって地元から誰も入らない大学でも困る。
②歴史民俗資料館建設（歴史系・民俗系、自然系など何が良いか難しい）

【問9】
　生涯学習は今後復活するでしょうか。

【答9】
　生涯学習まちづくりは、復活すると思う。国は地方創生「訪日外国

人数4,000万人」を目指しているが、「地方の哲学」が今こそ必要だ。インフラの必要な時代がやってくる。文部科学省も「生涯学習」について今は積極的に進めていない。官邸主導に陥っている。

＊

　著者のインタビューは2017（平成29）年12月中旬だったがその数日後2回にわたり深夜、榛村元市長から電話があった。「中山君、言葉足らずのことがあった。それは、キーパーソンのことだから付け加えてくれ」と言われ一人追加した。

　しかし、それが榛村元市長と私の最後の会話となろうとは思いもよらなかった。

　2018（平成30）年3月13日は、新幹線掛川駅開業30周年の節目であった。著者は全市民で祝う式典にしてほしいと願っていたが、予算もなく質素にやることになったらしい。後に榛村元市長が講演依頼されていたことを知った。用意されていたレジュメが表8-1である。本人が何度も修正、加筆し、最終原稿が3月6日に市役所に届いたそうだ。

　そして翌7日朝、自宅で朝食を家族みんなで取った後、気分が悪くなり、救急車で運ばれたが帰らぬ人になってしまった、と聞いている。新幹線掛川駅開業30周年のレジュメが、彼が手掛けた何千枚もの原稿の最後の1枚となった。

＊

　レジュメには、インタビュー当時は、4人挙げていたキーパーソンが、伊藤滋氏を加え5名になっていた。伊藤氏がなぜキーパーソンにならないのかと著者は思っていたが、最後のレジュメに入っていた。伊藤氏は、当時東大先端科学技術センター所長という肩書だったと思う。榛村元市長に同行し、シンポジウムの打ち合わせに本郷キャンパスにうかがったことを思い出した。

　2018（平成30）年3月13日、市役所の4階会議室で100名足らず

表8-1　榛村純一氏最後のレジュメ（2018.3.13）

| 新幹線掛川駅設置の裏話と
地方分権の都市づくり人づくり | 2018(平成30)年3月13日(火)
新幹線掛川駅開業30周年記念
(公社)大日本報徳社社長榛村純一 |

1　時代背景　昭和52年(1977)の掛川・小笠　列島改造と駅南駅北の区画整理
　　1町16村の合併後20数年、市長5人　地方の時代なのに、県政の谷間と言われる
　　全国の流れは、石油ショック不況に国債発行の公共投資投入、三全総の定住圏と中電5号炉
　　昭和52年6月長老4市議の推挙　最年少の森林組合長として山村過疎地域づくり、人脈形成

2　モデル定住圏　掛川市指定　三つの旗印掲ぐ　①定住圏　②生涯学習都市　③新幹線駅
　　昭和54年　全国初「生涯学習都市宣言」、駅南北区画整理、逆川大改修、中心部改造　掛川茶
　　18項目のテーマとプロジェクト、市民総代会システム、+−ゼロの後発利益、土地造成

3　理論武装　新幹線駅設置の理由　マイナス要素をプラス条件に変える市政へ
　　①東海道線、新幹線、国1、同バイパス、東名高速の大動脈5本が南北1500m以内をねじれ通過
　　②静岡＝浜松間は71.5kmで駅間距離最長　その間にうっすら45万人住む　1日6千人乗降あり
　　③在来線と新幹線駅の妥協案は30kmに一駅、地震対策　ひかり増発　中央制御更新　駅勢圏
　　④アナウンスメント効果　車内放送　切符売り場、案内表示　エコポリス　これっしか処　二俣線
　　⑤区画整理534ha　+−ゼロの用地300ha　三層建て市民総代会システム、市長区長交流控帳

4　キーパーソンネット　天の時(1)(2)　地の利(3)　人の和(4)　総合研究開発機構理事長
　　下河辺淳　国土事務次官　国土は地方都市が鍵　定住圏指定　生涯学習シンポ　助役派遣
　　高木文雄　大蔵事務次官　国鉄総裁：生涯学習シンポに講師出席　租税支出（損金化）
　　山本敬三郎　静岡県知事　補助3分の1約束　支払い助成　二俣線引受、他市町村調整
　　松浦　功　自治事務次官　財政長期計画指導　国鉄への支出に地方財政法改正　茶室
　　伊藤　滋　東大名誉教授　日本都市問題会議座長の都市計画論・駅文化論　昭54、63シンポ
　　※ 最終決着　田中角栄　新富士と掛川の1県2駅いいか　佐藤守良　JR東海・西日本5駅

5　国土計画の歴史──全国総合開発計画の第1次から第5次までの区切り方と時代特色
　　①一全総、昭和37年10月閣議決定　池田内閣1690(昭35)〜1965(昭40)国民所得倍増計画
　　②新全総、昭和44年閣議決定、佐藤内閣1965(昭40)〜1970(昭45)公害、環境、列島改造
　　③三全総、定住圏、昭和52年11月閣議決定、教育・文化・医療・福祉・安全・レク・雇用
　　④四全総、中曽根内閣、昭和62年6月閣議決定、東京集中と多極分散、リゾート法、東京論と森林
　　⑤五全総、国土のグランドデザイン、平成10年3月閣議決定、国土形成計画へ失われた10年
　　⑥ふるさと創生1億円、竹下内閣昭和63年1月、地方創生、1億総活躍社会、安倍内閣へ
　　　明治・昭和の市町村合併から平成の大合併へ、飲み込まれる農山村、限界集落、生活難民
　　　市町村数71,497 ⇒ 15,859：M22 ⇒ 9,868：S28 ⇒ 1,718：H28

6　わがまちの観光地化　外国人4000万人時代　日本遺産認定　観光交流人口600万人
　　唯一、最初、日本一づくり、自治体の生産性：2×2×2＝8倍　自治二層制の行方　最終介護

7　理念・志・夢　報徳化すること：積小為大、その徳を一にす、至誠・勤労・分度・推譲の行動
　　生涯学習大学・教育センター　歴民博物館　日本遺産、木の文化、全市生涯学習公園化：全市36景
　　とはなにか学舎運動
　　ならここの里、八高山、水源のまち、耕作放棄地、小笠山国有林　掛川茶、老余の暮らし方

出典：掛川市「新幹線掛川駅開業30周年記念式典資料」

の参加者で30周年記念式典は始まった。著者は、これが榛村市政28年間の総括かと口惜しく思いながらレジュメがクシャクシャになるまで読み返した。しかし、榛村を代弁すべき現市長の言葉はなぜか虚ろに響き耳に入らない。もうこの世に榛村元市長はいないと胸を衝かれる思いだった。

　最近の静岡新聞（2018年9月9日付）によれば、静岡県立大学「経営情報学部観光マネジメント」、静岡文化芸術大学「文化政策学部文明観光学コース」など、2019（平成31）年4月から新たな教育課程が設置される。榛村市長は1990（平成2）年ごろ、「掛川には客人をお茶でもてなす文化がある。『おもてなし』の心を育てる観光学部を掛川市に誘致したい」と話していたことがある。ようやく榛村が思い描いた大学が静岡県にできる。

2）「榛村」の「まち」に懸ける思いと、市民の郷土愛とは

　榛村はいつも、まちづくりには、「理念・志・夢」を持てば2×2×2＝8倍に生産性があがる、と言っていた。この言葉は市民一人一人への問いかけであり、榛村自身の信念でもあったろう。では榛村の理念とか夢とか町にかける思いとはなにか。その起源は、榛村氏が林業家で全国の山村を巡っていたことに遡る。

　紅葉の美しいところ、青い空、木々の緑、きれいな川の水の流れ、小鳥のさえずりなど自然の美しいところ、そういう「まち」や「むら」は貧しく人も貧しいし、人口が減少して寂れていく。それは空しく無念だと、いつも口癖のように榛村は言っていた。

　そうした「まち」や「むら」に住んでいる人たちは、愚痴を言い合いながら、生まれた地域の宿命を恨みながら、半分諦めながら生きている。

　そして子供には、こんな貧しい地域に住むな、こんな親の二の舞に

なるな。幸せをつかみたいなら、地域を乗り越え、親を乗り越え、都会に出て立身出世をして故郷に錦を飾れという——。榛村はこれを向都離村の考え方であると言っていた。そこに住む人々にはとうてい夢などない。夢がもてない。そこにある地域には夢などがない。夢がもてない。そうだったら、地域も人も夢をもとう……。榛村はそう語りかける。

榛村は地域の人々と繰り返し、繰り返し議論していくうちに、地域のおかれている課題が浮かび上がり、夢が広がっていった。

東西を横断している東名高速道路や東海道新幹線の存在に市民は気づいていく。両方ともやかましいだけ、南北を分断しているだけ、邪魔になっているだけだ。インターチェンジも駅もない。通す権利があるなら止める権利もあるはずだ……。その思いを榛村は熱く語る。「新幹線駅をつくることは夢の実現だ」。

地方小都市に駅をつくることなど並み大抵のことではない。市民も半分は果たせない夢と諦めかけるが、榛村は諦めなかった。今、諦めれば、未来永劫駅をつくる夢は閉ざされる……、と熱く市民に問いかけていった。

そして、半信半疑だった駅が、もしかしたらできるかも知れないと、光が差しかけたとき、資金繰りという途方もない厚い壁が立ちはだかる。

25億円という駅に必要な財源をどう生み出すか。一般的には税負担を求めるべきだが、榛村はあえて市民に募金（寄付金）を提案した。反対もあったが、榛村がそこまで言うなら、と市民は募金を推進する組織を立ち上げる。

道のりは遠かったが、市民の新幹線掛川駅設置に対する期待も予期もしないほど大きかった。そして約30億円という予想以上の募金が集まり、新幹線掛川駅はできた。榛村の熱い思いは市民の郷土愛と共に実現したのである。

県政の谷間とまでいわれた掛川市が、市民と共に夢を持ち続け成し遂げた偉業は、市民に自信と誇りをもたらした。まさしく郷土愛というものだ。それはさらなる掛川市の飛躍へとつながっていった。
　それは人々が地域の宿命に縛られた土着民から地域を選択する掛川市民に変容させた瞬間でもあった。新幹線掛川駅は、市長・市民の郷土愛・夢のどちらかが欠けても実現はしなかった。榛村が蒔いたタネを、市民が実らせ花を咲かせた。20世紀末の大事業は、末永く市民に榛村とともに伝説になり語り継がれていくだろう。

3）住民主体のまちづくりと生涯学習まちづくり

　ある人は、市長が独断と偏見で生涯学習を押しつけている、またある人は、死ぬまで生涯学習をさせるのかという。今でこそ「生涯学習」という言葉は聞き慣れた言葉になっているが、榛村が提唱した、1977（昭和52）年には、生涯学習という言葉は極めて新しい概念であった。著者も含めて掛川市民の大半にとって生涯学習という言葉は遙か遠い異質な存在に聞こえた。
　榛村は、フランスの教育思想家ポール・ラングランの「生涯教育の必要性」を聞き、掛川市政も生涯教育を理念の中心に始めようと思ったと語っている。しかし、「生涯教育」は押し付けがましいから、「生涯学習」にして、住民主体の学習活動の必要性を訴えた。
　榛村の念頭には、生涯学習を進めながら、住民が生涯学習に目覚め、住民自らが、学び、学習し、自分の課題は何か、地域の課題は何かをしっかりと認識し理解を深めていく姿があった。榛村はそれを提唱、奨励し、その機会を与えたのである。そして、住民に余裕があれば、自己学習、自己実現に終わらず、地域や行政の課題も明らかにして、住民全体で議論していき、「まちづくり」に参加してくれることを榛村は期待したのではないか。著者はそう思いを巡らすのである。

これまでに紹介した論文、文献等の論者・著者は、掛川市で榛村が進める生涯学習について、批判的立場からは、「社会教化につながらないか」「押しつけ生涯学習ではないか、学習は自由であるべきだ」「生涯学習は自ら学び自ら実現するものだ」「まちづくりが主であって生涯学習が従であるのはおかしい」などと述べていた。肯定的な立場からは「生涯学習のためのまちづくりから生涯学習によるまちづくりへの転換の意識が必要」「生涯学習は結局ひとづくり」「参画・協働を可能とする力量を住民が持つことへの支援」「あらゆる市政が生涯学習の対象となるべき」などとしていた。

　著者はこれまでの各章の議論を踏まえて榛村が進めた生涯学習に肯定的立場をとる一人である。榛村が為政者として政策を語ることは当然のことであると思うし、その政策や生涯学習理念を議会だけでなく住民集会で直接語りかける直接民主主義的な効果は、計り知れない。そうでなかったら、28年間も市長職として続かなかっただろう。

　掛川市の生涯学習運動は、榛村のリーダーシップで進められたことは間違いない。だから反対や抵抗も強かった。しかし、そこから地域のリーダーが育ったし、市民活動家も育った。そうしたリーダーたちと行政は対立的な立場をとることもあるだろうが、そうした緊張関係が行政や人を成長させる役目や健全なる行政システムを支えているのだと思う。

　新幹線掛川駅が設置するまで、何度議論したことであろう。住民が、榛村の前で自ら意見を主張することで個人を磨き成長させる。そして榛村が応える。それこそが住民主体のまちづくりであり、生涯学習のまちづくりであり、ひとづくりである。

　その証拠に、30億円もの募金が小さなまちに集まったのだ。生涯学習は掛川のまちに今でも息づいていると著者は自信をもっていえる。

　今日、地方創生が叫ばれているが、その成功も失敗も榛村市長が築

き上げた「住民主体のまちづくり」「生涯学習のまちづくり」をどうリーダーが活かすかにかかっている。

4）掛川のまちづくりの原点とは

　「1．序論」でも提起したが、榛村市長は「カリスマ市長だ」としばしば論評された。カリスマとは何かであるか。斉藤弘行（2002）は、論文「リーダーシップのカリスマ性」[1]においてハウザーのカリスマ論を紹介している。それによると、カリスマ性には図8-1に示した①状況心理②パーソナリティ標識（個性）③行動様式（行為）の3項目が相互作用して成立する。

　ハウザーのカリスマ論[2]によると、状況心理で8項目、パーソナリティで12項目、行動様式で19項目の特徴を有するという。著者が、榛村市長を39項目のどれに相当するか、当てはめて評価した。その結果、状況心理ではA（危機感、精神的ストレス）、B（下界における見通しの開けていること）、C（ビジョンを伝達する可能性）に当てはまり、パーソナリティではA（高い自意識）、B（強力な説得力と価値観）、C（高い想像力）、D（多くの経験と多くの能力）に、さらに行動様式では、A（ビジョンの伝達、楽観性を伴うコミュニケーション、意味を加味してくれるコミュニケーション）、C（意識的にビジョンを持ってフォロアーの価値を語りかける）、F（フォロアー「従者」に対してビジョンと約束を守ることをはっきりさせる）、M（劇的で従来にないような出演行為をとる）、N（協力への動機付けをする）、P（目標の明確化を図る）、Q（意識的に危機を喚起する）に該当した。

　また、中日新聞「トップの流儀：リーダーとして大切なこととは」（2016年11月18日〜24日に掲載）によればトップ5人のリーダーに必要な力について、表8-2のように述べている。これらを先の、ハ

```
                  ハウザーのカリスマ論
                  ┌──────────────┐
                  └──────────────┘
          ┌───────────┴───────────┐
    ①状況心理              ②パーソナリティ
                          標識(個性)
          ↓                       ↓
```

┌─────────────────────────┐ ┌─────────────────────────┐
│ (A)危機感、精神的ストレス   │ │ (A)高い自意識   │
│ (B)下界における見通しの開けているこ │ │ (B)強力な説得力と価値観   │
│   と   │ │ (C)高い想像力   │
│ (C)ビジョンを伝達する可能性   │ │ (D)多くの経験と多くの能力   │
│ (D)職務のイデオロギー化   │ │ (E)強い権力動機   │
│ (E)生活サイクルの段階   │ │ (F)情報処理の達人   │
│ (F)組織行動   │ │ (G)変化指向的   │
│ (G)リーダーのヒエラルヒー(階級・階層) │ │ (H)外界の変化した情勢に対する強い敏 │
│   の位置   │ │   感性   │
│ (H)機能領域   │ │ (I)内心的コンフリクトのほとんどないこ │
│   │ │   と   │
│   │ │ (J)フォロアー(従者)に対する社会的距離 │
│   │ │   の大きさ   │
│   │ │ (K)フォロアー標識と価値観に一致する │
│   │ │   こと   │
│   │ │ (L)ナルシズム   │
└─────────────────────────┘ └─────────────────────────┘

                    ③行動様式
                      (行為)
                        ↓

┌───┐
│ (A)ビジョンの伝達、楽観性をともなうコミュニケーション、意味を加味してくれるコミュニ │
│   ケーション   │
│ (B)信奉者にたいする信頼性の表示   │
│ (C)意識的にビジョンを持ってフォロアーの価値を語りかける   │
│ (D)フォロアー(従者)に高い価値を置く   │
│ (E)自己犠牲的行動、模範となる行為の表示、役割モデルとなること   │
│ (F)フォロアー(従者)に対してビジョンと約束を守ることをはっきりさせる   │
│ (G)あらゆる階層における言葉での適応能力明らかにする   │
│ (H)危険をおかす   │
│ (I)機会と問題を発見する   │
│ (J)個人的にコミュニケーションする   │
│ (K)個人的な報酬支払いをする   │
│ (L)協力者にコーチする   │
│ (M)劇的で従来ないような出演行為をとる   │
│ (N)協力への動機付けをする   │
│ (O)成果体験を意識的につくり出す   │
│ (P)目標の明確化をはかる   │
│ (Q)意識的に危機を喚起する   │
│ (R)受入不能の現状を明確にする   │
│ (S)過去を参照する   │
└───┘

図 8-1　ハウザーのカリスマ論（斉藤（2002）をもとに著者が作成）
出典：斉藤弘行（2002）：「リーダーシップのカリスマ性」『経営論集第 55 号』

ウザーのカリスマ論の論点から、5人の特徴と榛村に共通して持っている資質とは、図8-2のように「危機感」「自意識」「強力な説得力と価値観」「ビジョンの伝達」「高い想像力」であったといえよう。

これらを総合して榛村のカリスマ性、リーダーシップ性について、著者の榛村と接した経験からすると、次のように該当する。昭和50年代の掛川市が県政の谷間（静岡新聞 1988（昭和63）年3月12日

表8-2　5人のリーダーの必要なちから

首長名	リーダーシップに必要な力とは
①嘉田由紀子（前滋賀県知事）	「確実に未来像を描ける人」
②鈴木直道（夕張市長）	「住民の人生を背負って仕事をする」
③野田武則（釜石市長）	「リスクを減らす判断力」
④太田房江（元大阪府知事）	「突破力」
⑤泉田裕彦（前新潟県知事）	「マネジメント力」

(中日新聞をもとに著者が作成)

5人の知事・首長(2016.11.18～24：中日新聞「トップの流儀」掲載)と榛村市長のカリスマ性

氏名	状況審理	パーソナリティ（個性）	行動様式（行為）	共通項目	特質項目
榛村純一・掛川市長	A,B,C	A,B,C,D	A,C,F,M,N,P	危機感 自意識 強力な説得力と価値観 ビジョンの伝達 高い想像力	ビジョンの伝達と高い想像力
嘉田由紀子・前滋賀県知事	A,B,C	A,B,C,H	A,C,M,N,P,Q		情勢に対する強い敏感性
鈴木直道・夕張市長	A,C	A,B,C,G	A,C,E,N,P		変化指向的
野田武則・釜石市長	A,C	A,B,C,D	A,C,D,O,P,Q		意識的危機の喚起
太田房江・元大阪府知事	A,B,F	A,B,C,D	A,C,D,O		信奉者に対する信頼性の表示
泉田裕彦・前新潟県知事	A,B,F	A,B,C,D,K	A,B,C,F		フォロアーに対して価値観の一致

図8-2　(斉藤（2002）をもとに著者が作成)

出典：斉藤弘行（2002）：「リーダーシップのカリスマ性」『経営論集第55号』

付、4月4日付、1998（平成10）年3月12日付）とやゆされたことへの「危機感」と「自意識」、市長当選後の三大施策による「ビジョンの伝達と想像力」全国初の生涯学習都市宣言は「劇的で従来にないような出演行為をとる」、新幹線掛川駅を創るという「情熱に対する強い敏感性」「協力への動機付け」市民総代会における生涯学習運動の「強力な説得力」「フォロアーに対してビジョンと約束を守る」「民間で培った多くの経験と多くの能力」などなどである。そのなかでも、榛村の特筆すべき項目は「ビジョンの伝達と高い想像力」があったと考えられる。これが、榛村のカリスマ性の根幹であった。

　斉藤によれば、「カリスマ的リーダーは、たぶん、自己の登場を十分な配慮の上、設定するのではなく、ある機会に突然ふっとあらわれるのであろう。その演出もかなり矛盾するかも知れないが、そのことがかえってフォロアーに強く作用するのである」という。著者が思うところ、1977（昭和52）年に榛村は、市長に突然担ぎ出された。自分から計画的に舞台を整え、華々しく打って出たわけではないが難なく当選した。そうならば斉藤の議論にも信憑性がでてくる。ハウザーのいうように、カリスマ的リーダーは「従来にない演出とレトリック（効果的表現）の能力を自由に駆使する」ことができなくてならないというが、きっとそれは、43歳の若き榛村市長当選後、初の議場で大勢の古老の前で語った所信表明での「発想の転換」というキーワードだったのではないか。

　広辞苑（第7版、編者：新村出 2018）によると、カリスマとは①（宗）神の賜物の意。聖霊から与えられる特別な力②（社）超人間的・非日常的な資質。英雄・予言者などにみられる③多くの人を心酔させる資質・能力。また、その持ち主とされている。またリーダーシップとは、①指導者としての地位または任務。指導権②指導者としての資質・能力・力量・統率力とされている。

　榛村と約20年間、行政マンとして仕えた著者は、リーダーシップ

を超えた多くの人を心酔させる資質と能力を備えたカリスマ市長だったのではないかと実感している。地方小都市にできるはずもないと思われた新幹線駅を、当時としては聞き慣れない生涯学習をすすめながら実現し、当時出席した集会で榛村が「ある老人が私に向かって手を合わせた」と驚いたように語っていたことを思い出す。

榛村体制を分析していくためには2章の「研究の枠組み」で紹介した、木田 (2016) の都市レジーム論が非常に分かりやすく適用できよう。例えば「統治連合を構成するアクター（人物・関係者）の存在の必要性」をみると、新幹線掛川駅設置運動にはもちろんアクターが存在し（区長会連合会、農業協同組合、商工会議所、婦人会、市議会議員、周辺市町村長、県議会議員など）が該当する。当時市議会議員に正副議長、各委員会の委員長を含めた役職会議を設置された。この会議は新幹線掛川駅などのために、議会対策としての予算・議案の事前説明と了承の会議で重要であったと思われ市議会議員の有力者がアクターであったと考えられる。

また木田は「統治を束ねる集合的な目標の必要性」を指摘している。それは、新幹線掛川駅設置、東名掛川インター設置や掛川城天守閣復元の運動がそれに該当しよう。

さらに木田の「諸アクターを結合するインフォーマルな制度的枠組みが存在」では、東海道新幹線掛川駅設置推進市民会議、掛川城天守閣設置推進委員会、小笠掛川振興協議会、総合地域振興協議会などが該当する。これらはフォーマルな枠組みでは決してなく、榛村の発案による枠組みであった。また、「体制の持続的統治能力の必要性」については、榛村体制下の議会では、共産党を除くオール与党体制が構築されて、驚異的で強固に維持されていたといえる。

こうしたインフォーマルなアクターの市政に対する全面的協力と榛村本人の強いリーダーシップが発揮され市民が呼応した榛村市政28年間だったと著者は思う。

掛川市の生涯学習まちづくりの原点は、「生涯学習都市宣言文」にうまくまとめられている。
　掛川市民は、生きがいとは何か、幸せとは何かをお互いに問い掛け合いながら一生涯学び続けよう。というくだりがある。ありふれた小都市の住民へ、生きがい、幸せは何かを問うたのである。市民一人一人が真剣に考えたこともない問いに、そう簡単に答えられないだろう。例えば「健康で長生きすること」「子供の成長」などと大半が家族や自分の幸せのこととして答えるのが普通であろう。そうした問いかけを榛村は1970年代に実践したのである。
　榛村は市民に一生涯学び続けることを提唱すると同時に、行政の役割もしっかりと説明した。ありきたりの地方小都市にはしたくない。思想性の高い都市を目指していくから是非協力してください。そして市民と行政で一緒に学び、いいまちをつくっていきましょうと呼びかけたのである。
　掛川の「まちづくりの原点」はそんな中から生まれた。幸せは、個人だけで良いのだろうか。個人が幸せになって。家族が幸せになって、それだけでいいのだろうか。いや地域も、行政も幸せになることではないだろうか。そんな議論が少しずつ市民の中から浮かび上がってきた。
　そうした議論が一つになったのが「新幹線掛川駅設置構想」であった。「そりゃ、あった方がいいが、夢だなあ。夢を見るだけならお金はいらないが実現もしない」と最初は拍子抜けの感があった。しかし、榛村は真剣だった。1977（昭和52）年の新幹線駅構想から1988（昭和63）年の駅開業までの約10年間、何百回、何千回と数人集まればミニ集会を開き、地区集会には必ず出席し、自ら議論の輪に入った。最後には榛村がくると、新幹線がきたとまで言われたゆえんである。
　市民も「生涯学習ってなんだっけ」と冷ややかな目線であったが、

地域のために駅をつくる。そのことは便利になる、近くなる、早くなる、幸せになることで、「生涯学習かな」と思うようになった。

そうして、全市民を包括する「東海道新幹線掛川駅設置推進市民会議」という市民組織が設置されることになる。この市民組織の下部組織は約 10 ～ 20 戸あたり 1 名の推進員が務め、約 2,000 名の推進員が組単位で新幹線駅の必要性と募金のお願いに各戸を回った。

このことが強制寄付につながらないかと一時言われたが、掛川市民にとって生涯学習運動から新幹線掛川駅設置までの間は、寝ても覚めても新幹線一筋のまちづくり運動であったといっていいだろう。

1988（昭和 63）年 3 月 13 日新幹線掛川駅は開業した。貯金を崩して寄付した人、毎月積み立てて寄付した人、企業発展のために寄付した法人、お年玉を寄付した子供達の夢が大願成就した日であった。

当日は 3 万人以上の市民が一目「おらが駅」を見ようと詰め掛け、朝の一番列車停車から駅前広場は人、人でいっぱいだった。やっぱり「掛川のまちづくりの原点」は生涯学習を進めながら実現した「新幹線掛川駅設置運動」にあったと著者は思っている。

5）おわりに

著者が放送大学の科目履修生（2003 年）から、全科履修生になった 2012 年ごろ、榛村純一氏と共に歩んだ約 20 年間の現役生活を榛村市政に視点をあて卒業研究にしたいと思うようになった。あらかじめ必要と思う文献、資料は整理して保管しておいた。2017 年 3 月「生活と福祉」コースを卒業して、「社会と産業」コースに再入学して、その時を待っていた。

ある時、放送大学静岡学習センターから配布される講演会予定のテーマが目に止まった。西原純教授の「浜松の都市計画とまちづくり」だった。「これだ」と思い、静岡学習センター藤井所長に御相談

した。浜松サテライトでお会いできることになり、初めての所長との面談日（2017年7月25日）には緊張した。著者の卒業研究についてご相談すると、もろ手を挙げて賛同いただき、卒業研究計画書を作成後、早速、所長より西原先生に指導教員のお話をして下さるとのことで、承諾いただいたときは本当にありがたかった。

　その後、所長より西原先生が指導教員を引き受けてくださったとの連絡をいただき、早速、西原先生に（2017.8.2）お会いできることになった。西原先生はお忙しいにもかかわらず基本的には2週間ごとに面接指導をいただき、時にはメールや電話でも指導を仰いだ。初めて仕上げる卒業研究は未知との遭遇で先生には迷惑ばかりおかけした。しかしそのかいあって無事卒業研究が完成した。これもすべて両先生のお陰と深く感謝申し上げる。

　また、インタビューでは先輩、上司、同僚、後輩、議員、市民の皆様にお忙しいなか、お話を聞かせていただき、なかには、著者に対して励ましや激励をくださる方もあり厚く感謝申し上げたい。皆様の心温かいお言葉が、何度も挫折しそうになった著者を奮い立たせてくれた。今後は、榛村市政28年間を皆様とゆっくり語り合う機会を持てたら幸いであると考えている。ありがとうございました。

　また、今回の出版にあたり、静岡新聞社の庄田達哉出版部長、編集の佐野真弓さんには大変お世話になりましたこと、深く感謝申し上げます。

　最後に榛村純一氏は、インタビュー時に著者の論文の完成を自分のことのように楽しみに待っていてくれた。その約束が果たせなかったことが悔やまれる。今後は、榛村氏から伝授させていただいた「生涯学習」の灯火を断つことなく守り育て未来に継承していく所存である。

◇用語解説◇

- 経常収支比率：地方公共団体の財政構造の弾力性を判断するための指標。この指標は経常的経費に経常一般財源収入がどの程度充当されているかを見るものであり、比率が高いほど財政構造の硬直化が進んでいることを表す。
- 実質公債費比率：当該地方公共団体の一般会計等が負担する元利償還金および準元利償還金の標準財政規模を基本とした額に対する比率。借入金（地方債）の返済額およびこれに準ずる額の大きさを指標化し、資金繰りの程度を示す指標ともいえる。地方公共団体財政健全化法の実質公債費比率は、起債に協議を要する団体の判定に用いられる地方財政法の実質公債費比率と同じ。（早期健全化基準は、市区町村・都道府県とも、健全化法施行以前の地方再協議・許可制度において一般単独事業の許可が制限される基準であった25％とし、財政再生基準は、市区町村・都道府県とも、健全化法施行前の地方債協議・許可制度において、公共事業等の許可が制限される基準であった35％としている）
- 財政力指数：地方公共団体の財政力を示す指数で、基準財政収入額を基準財政需要額で除して得た数値の過去3年間の平均値。財政力指数が高いほど、普通交付税算定上の留保財源が大きいことになり、財源に余裕があるといえる。
- 実質赤字比率：当該地方公共団体の一般会計を対象とした実質赤字額の標準財政規模に対する比率。福祉、教育、まちづくり等を行う地方公共団体の一般会計等の赤字の程度を指標化し、財政運営の悪化の度合いを示す指標ともいえる。（市区町村は財政規模に応じ11.25％～15％、道府県は3.75％、財政再生基準は、市区町村は20％、道府県は5％）
- 連結実質赤字比率：公営企業を含む当該地方公共団体の全会計を対象とした実質赤字額および資金の不足額の標準財政規模に対する比率。すべての会計の赤字と黒字を合算して、地方公共団体全体としての赤字の程度を指標化し、地方公共団体全体として財政運営の悪化の度合いを示す指標ともいえる。（連結実質赤字比率の早期健全化基準は、市区町村は財政規模に応じ16.25％～20％、道府県は8.75％、財政再生基準は、市区町村は30％、道府県は15％）
- 将来負担比率：地方公社や損失補償を行っている収支法人に係るものも含め、当該地方公共団体の一般会計等が将来負担すべき実質的な負債の標準財政規模

を基本とした額に対する比率。(将来負担比率の早期健全化基準は、市区町村「政令市は除く」は 350 %、都道府県および政令市は 400 %なお、財政再生基準はない)
・将来負担額：下記のイからチまでの合計額
イ、一般会計等の当該年度の前年度末における地方債現在高
ロ、債務負担行為に基づく支出予定額（地方財政法第 5 条各号の経費等に係る者もの）
ハ、一般会計等以外の会計の地方債の元金償還に充てる一般会計等からの負担等見込額
ニ、当該団体が加入する組合等の地方債の元金償還に充てる当該団体からの負担等見込額
ホ、退職手当支給予定額（全職員に対する期末要支給額）のうち、一般会計等の負担見込額
ヘ、地方公共団体が設立した一定の法人の負債の額、その者のために債務を負担している場合の当該債務の額のうち、当該法人等の財務・経営状況を勘案した一般会計等の負担見込額
ト、連結実質赤字額
チ、組合等の連結実質赤字額相当額のうち一般会計等の負担見込額
出典　総務省（2015）：「(平成 27 年度) 地方財政白書」用語の解説、カッコ内は総務省報道資料：平成 28 年度決算に基づく健全化判断比率・資金不足比率の概要（確報）2017（平成 29）年 11 月 30 日
・財源対策債：昭和 51 年度以降、地方財源不足額を補てんするために発効された建設地方債
・減収補てん債：地方税の収入額が標準税収入額を下回る場合、その減収を補うために発行される地方債。地方財政法第 5 条に規定する建設地方債として発行されるものと、建設地方債を発行してもなお適正な財政運営を行うにつき必要とされる財源に不足を生ずると認められる場合に、地方財政法第 5 条の特例として発行される特例分がある。
・臨時財政対策債：地方財源の不足に対処するため、投資的経費以外の経費に充てられる地方財政法第 5 条の特例として発行される地方債

出典：総務省平成 21 年度版　地方財政白書

＊注

(1) 斉藤弘行（2002.3）『リーダーシップのカリスマ性』（経営論集第 55 号）p19〜32
(2) Hauser, M. heor: ien Charismatischer Fuhrung: Kritischer Literaturuberblick und Forschungsanregungen, ZfB. 69Jg. Heft 9. S, 1003-1023. この研究においては、イギリスとドイツの組織心理学の文献における 9 つのモデルを分析し、そこにおけるリーダーシップのなかで、リーダーとフォロアーの間の関係を調べる。
(3) 高寄昇三（2000）:『地方自治の政策経営――政策と経営のバランスシート』、学陽書房、227 ps
(4) 坂本光司編著（1994）:『静岡県 74 市町村の経済成長力』、静岡政経研究会監修、発行者　静岡新聞社、252 ps
(5) 同規模の 7 都市（袋井市・掛川市・御殿場市・浜北市・磐田市・伊東市・島田市）
(6) オールスタッフ株式会社は 1963 年 4 月、桜木森林組合の掛川市森林組合への合併に伴い桜木製材（株）として独立、1964 年オールスタッフ株式会社に名称変更現在に至る。榛村純一氏は設立時からのオーナーである。http://www.allstuff.co.jp/about.html、最終閲覧日（2018.10.09）
(7)）ポール・ラングラン：ユネスコの世界成人教育推進国際委員会（1965 年）において初めて生涯教育の概念を提唱した。
(8) 三全総（第三次全国総合開発計画）「限られた国土資源を前提として地域特性を生かしつつ、歴史的、伝統的文化に根ざし、人間と自然との調和のとれた安定感のある健康で文化的な人間居住の総合的環境を計画的に整備する。1977（昭和 52）年からおおむね 10 年間」：国土交通省ホームページ、http://www.mlit.go.jp/common/001135928.pdf 最終閲覧（2018.09.12）
(9) 定住構想「大都市への人口と産業の集中を抑制する一方、地方を振興し、過密過疎問題を対処しながら、全国土の利用の均衡を図りつつ人間居住の総合的環境の形成を図る。」：国土交通省ホームページ http://www.mlit.go.jp/common/001135928.pdf 最終閲覧（2018.09.12）

(10) 10 項目案

①年輪の集い（20歳、30歳、40歳、50歳、60歳、70歳の式）
②生涯投票率のすすめ
③市民総代会システム、市政即生涯学習
④学校の生涯学習センター化、三層建てネットワーク
⑤フェミニズム市政、婦人議会、婦人の集い等
⑥掛川学事始（市長レポート・市民対話集会）
⑦姉妹都市提携（アメリカ合衆国オレゴン州ユージン市、日中、日韓）
⑧先輩市民活動センター
⑨掛川茶のすすめ（緑茶文化・農業体験都市）
⑩18項目のテーマとプロジェクト、全市公園化構想、キャンプ場、シルバポリス
　1984（昭和58）年2月青年祭会場にて

(11) 18項目　榛村純一（2007）：『生涯学習まちづくりは村格・都市格へ』p87

18項目のテーマとプロジェクト（1980〜1989年）

1　掛川市に関するよく加工された情報をつくり、できる限り市民に徹底するため「掛川学事始」運動を展開する10年。
2　一生涯の健康を進め、心身の安定を修養する10年。
3　恵まれない人にやさしい心をもち、いろいろな差別をなくす福祉をすすめる10年。
4　知性豊かで魅力ある婦人が大勢参加して町づくりにいそしむ10年。
5　幼少青年の教育を子供の躾という視点で充実しつつ、公民館活動、コミュニティー活動を展開する10年。
6　一人一芸一研究一スポーツ、ホビーライフ（趣味・道楽）を進め、歳とともに内容が豊かになっていくような生き方をする10年。
7　学歴偏重社会を学校教育の立場で見直し、児童生徒を学習社会の一員として育成する10年。
8　農業をよく抱え込んだ都市化を図り、農業ショールーム都市、農業体験都市をつくる10年。
9　商売を深め、経営の地力をつけ、技術革新し、みんなで地域セールスを進める10年。
10　区画整理、街路事業を公共生活空間、共有財産をつくる一大叙事詩として展開する10年。
11　豊かな森林をつくり、町を花と緑で飾り、野外活動と植物の生長を楽しむ10年。
12　治水、利水、下水、河川、池等、きれいな水の流れをふやしていく10年。
13　道路網を整備し、土地利用、線引きをきちんとする10年。
14　地域特色をもった自治区の経営と市民主体の市政を推進し、町からゴミと公害をなくし、災害に強くなる10年。
15　市役所を町づくりのリーダー集団、一級のデータバンクに整備する10年。
16　定住圏域、広域行政を進め、近隣市町村と連帯協調する10年。
17　生涯投票率を意識し、国政・県政・国際関係を通し、政治的に成熟していく10年。
18　以上17項目を総合して「名」と名のつくものをたくさんつくりあげていく10年。

(12) 東遠地区モデル定住圏計画 1980（昭和 55）年 3 月：東遠地区広域計画委員会・静岡県作成
(13) 新田照夫、望月彰、「掛川市における生涯教育政策」（通号 30）1986.09. p90〜101
(14) 三層建て生涯学習施設ネットワーク

昭和58年　中央生涯学習センター完成
それに併せて三層にわたる生涯学習施設ネットワークを構築

「第三層」
中央施設群
（全市民が集まるところ）

- 芸術・文化・歴史……中央生涯学習センター、美感ホール 掛川城、二の丸美術館
- 体育・スポーツ ……いこいの広場、カルチャーパーク、安養寺運動公園
- 健康、医療 ……市立総合病院・健康安心サロン、徳育保健センター・おにわふみいし
- 自然、余暇 ……居尻キャンプ場、明ケ島キャンプ場、市民の森・市有林
- ごみ・資源、行政……市役所、清掃センター、衛生センター「生物循環パビリオン」、消防署
- 交通拠点 ……新幹線掛川駅、東名掛川インターチェンジ
- 産業関係 ……商工会議所・農協

「第二層」
学区施設群
（学区、旧村ごとの住民が集まるところ）

小学校16、地域生涯学習センター20、中学校6、幼稚園12、保育園3、農協支所　など

「基層（第一層）」
自治区施設群
（区の住民が集まるところ）

140自治会、集会所、公会堂、公園、お寺、お宮　など

(15) 榛村純一（編著）（1998）：『まちづくりの極意』、ぎょうせい、284 ps
(16) 井上豊久（1995）：生涯学習のまちづくりにおける課題と展望、福岡教育大学紀要（第4分冊）、第44号、p9〜25
(17) 赤尾勝己（1998）：『生涯学習の社会学』玉川大学出版、246 ps
(18) 中学校社会用：文部省検定済（平成17年度検定、18年度用）教科書「2」

東書：公民 909、ps171
(19) 著者も、掛川市の管理職（新幹線掛川駅設置後）になってから、地区集会に榛村市長とともに幾度も出席した。地区集会は、いつでも熱気に満ちていて管理職も勉強してないと恥をかいてしまうので緊張したものだった。
(20) 中間抑止駅：防災・地震対策や事故災害の迅速な復旧、または増便される「ひかり」をスムーズに通過させるためにも、静岡～浜松館71.5kmという長い区間の中間に電車が停留、待避できる配電機能をもった駅。つまり中間抑止駅を掛川駅に設置する意味は大きい。
(21) 鬼島康宏（2010）『まちづくりの諸相と行政計画——生涯学習まちづくりの効用と限界』(8) 2010.3 p3～5
(22) 大西珠枝・榛村純一共著（1996）：『まちづくりと生涯学習の交差点』は当時の回想録である。
(23) 蛭田著テキスト『新生涯学習概論』p207　第4刷　2005年
(24) 讃岐、住岡著（2001）：『生涯学習社会』ミネルヴァ所房
(25) 国から招聘した8人の助役と2人の教育長

	氏名	国の所属	在任期間	特命事項
助役	桑島潔	国土庁	1979年4月～1981年6月	定住構想、新幹線駅
助役	深水正元	建設省	1981年6月～1984年3月	定住構想、河川対策、新幹線駅
助役	高橋洋二	建設省	1984年4月～1986年4月	駅前広場、新幹線対策
助役	福井照	建設省	1991年4月～1993年3月	都市政策、区画整理、新東名PA
助役	藤崎和久	建設省	1993年7月～1995年8月	道路計画、新東名
助役	深澤淳志	建設省	1996年4月～1999年3月	道路計画、総合体育館
助役	野口宏一	建設省	1999年4月～2002年3月	道路計画
助役	小松正明	建設省	2002年10月～2005年3月	まちづくり、スローライフ
教育長	大西珠枝	文部省	1992年10月～1995年6月	掛川城天守閣復元、埋蔵文化財
教育長	小松弥生	文部省	1995年7月～1996年9月	少子化対策、幼保一元化計画

(26) ときには県を飛び越えてしまったので、県から文句がでたり、皮肉をいわれたりしたことも何度か著者も経験しているが、そのくらい国の官僚の力は強かった。
(27) 著者は新幹線掛川駅設置運動についての文献の半数程度は大切に保管して

あった。一つ一つ読んでいくと当時の掛川市民が新幹線駅設置に向けて、ひたむきに運動、活動している様子が伝わってくる。地域再生のために、子々孫々のために、自分の役割をなんとか果たそうと、苦悩し、不安を抱きながら、問題視しながらも、最後には30億円の募金達成、新幹線掛川駅設置という夢の実現につながった喜びと、安堵感がひしひしと伝わってくる貴重で尊い事実記録である。

(28) 福留強編：(1991) 協力・全国まちづくり研究会：『まちを創るリーダーたち』、249ps. 著者も、（福留）が述べているように、その中心には榛村「元市長・名誉市民」という、カリスマ市長の登場、存在がなければ新幹線掛川駅も掛川城天守閣復元も実現しなかったといえる。

(29) 静岡県掛川市発行（2005）：『市長の寸感千字』、p31（新幹線掛川駅6年半を想う）で榛村は、「国鉄本社に通うこと104回、1984（昭和59）年10月、118億円負担すれば掛川新駅を造ると国鉄から言われた。難産の末、同12月25日、市民推進会議の25億円の募金決議を頼りに、国鉄に承諾の返事をした」と当時を回顧している。

(30) 緩和曲線分岐：鉄道には直線と曲線の部分がある。曲線が少なく、なるべく直線である方が運転、営業および線路保守の面から望ましい。線路の曲線には円曲線部と緩和曲線部とがある。緩和曲線分岐とは緩和曲線部分から内方分岐するものである。新幹線掛川駅は新幹線史上初の緩和曲線部にポイント（分岐器）が設置され工事区間が大幅に短縮され工事費が縮減された。

(31) このように、掛川駅に「こだま」を停車させようという、新幹線駅設置構想がクローズアップされてきたが、巨額の地元負担が見え隠れする事態に周辺市町村から冷たい秋風が吹いていたといえよう。

(32) 著者も議長はじめ各議員と各市へ協力金のお願い文書を持参して丁重にご挨拶したときも、特に近隣の市は協力金には当初積極的ではなかった。県の担当者も「掛川市のことだから掛川市の責任で進めよ」ということであった。（白松県議会議員）が述べたように、掛川市より県、周辺市町村にも特段の配慮、事前の根回しが足らなかったということだろう。

著者が思うに、新幹線掛川駅設置は駅勢圏に計り知れない効果があることは十分理解しても、いざ自分の身に降りかかる火の粉は避けたい。総論賛成でも首

長は議会、議会は市民に気を使う。そう簡単にはお金は出せないと各論では本音が出たことがわかる。

(33) よく榛村市長は「血の小便が出た」と後日語っている。

(34) 1日に、1億円もの募金が集まったこともあった。驚くべき事実であった。ある日、森町の陶芸家が、陶芸品を200点ほど新幹線募金のためにと寄贈してくれたことがあった。著者や新幹線市民会議の女性職員達と商工会議所が主催する商工祭りに陶芸品を販売して募金に回した。初めてのことで面食らったが、駅建設のために郷土の発展のためにと恥を承知で販売したことが今では懐かしい思い出の一コマである。

(35) 山崎掛川駅設置推進市民会議議長の重責、責任はいかばかりだったろうか、精神的、肉体的にも苦しい日々が続くのである。胸中察するところ余りある。「多くの人の善意と協力による新駅誕生」と自ら述べているように苦難の道だったが、市民への謝辞とともに喜びも大きかったが、余りの多忙と苦労に終盤は健康をすこぶる害していった。

著者は1984（昭和59）年11月に急きょ、新たに設置された新幹線駅対策室に人事異動の辞令が下った。当時掛川市職員は一般職員で10万円というのが暗黙の了解であったので、初めはあまり正直募金には乗り気ではなかったが、著者は15万円を寄付した。著者の妻は3万円、当時著者の父は老人クラブで1万円、姉は埼玉に嫁いでいたが、帰郷するのに便利だからと2万円を寄付してくれた。ありがたいことであった。

(36) 榛村市長は、10人以上の団体が集合し、そこで講演や説明をするとき、必ずレジュメを作ることを習慣としていた。著者が掛川市庁内部課長会に出席するとき（週に一度）、著者も一週間の市長の行動報告や最近の重要施策、今後の課題を箇条書きに整理して課内で説明することにした。そのように地元説明会も同様である。なぜレジュメにするかは、榛村は「その日何を説明したのか」と同時に、「書いたことに責任をとることが重要である」と、口癖にしていた。

(37) 辰濃和男（たつの・かずお）　昭和・平成期のジャーナリスト。日本エッセイスト・クラブ専務理事、元朝日新聞論説委員、東京商科大学（現・一橋大学）卒。朝日新聞社入社。「天声人語」を13年間にわたり執筆した。出典：20

世紀　日本人名辞典（2004年）
(38) 岡並木編（1992）:『駅再発見の旅』、NTT出版株式会社、p179, ps 229
　　　岡並木（おか・なみき）　評論家（比較都市史、人間の移動史）静岡県立大学国際関係学部教授（比較都市論）、西武百貨店顧問、元朝日新聞編集委員、1987年運輸大臣交通文化賞
(39) 榛村純一（1991）:『随所の時代の生涯学習』清文社（p42, p43）, 286ps
(40) 著者は、新幹線掛川駅が開業するとJR東海本社へ建設のお礼と、出来上がったばかりの新幹線駅建設記念誌を持参して榛村市長に何度となく同行した。併せて改めて新たな陳情もしてきた。一つは新幹線駅のホームの屋根の延長と「ひかり」の掛川駅への停車だった。ホーム屋根は工事費をできるだけ安価にしたので12両分しかなく16両編成の「こだま」の場合、雨降りはカサを使っての乗降をやむなくしていた。それは今でも解消されていない。
(41) 地財法：地方財政法第4条の5（割り当て的寄付金等の禁止）
(42) 榛村純一編（1979）:『山とむらの思想——山村振興・林業経営の明日を考える』、清文社、280ps.
(43) 八十島義之助（やそしま・よしのすけ）昭和・平成期の交通工学者、帝京平成大学学長、鉄道総合技術研究所会長、東京大学名誉教授、工学博士（昭和30年）、東大紛争では大学改革準備調査会委員長を務め、また運輸政策審議会の小委員長として、国鉄赤字のローカル線のバス転換を答申した。1988（昭和63）年国土審議会会長。出典：20世紀　日本人名辞典（2004年）
(44) 2012年に全面施行された「津波防災地域づくり法」で、各都道府県は災害弱者の避難対策が必要な地域を地元市町村の意向を踏まえオレンジゾーンに指定できることになった。

あとがき

　東海道新幹線掛川駅は、開業してから30周年を迎えた。縁あって、著者もスタッフの一員として携わった使命感に燃えた４年間は、今振り返ると本当に充実感と、達成感のあった時期であったと、感慨もひとしおである。この私が大好きな駅は、文化の塊のような「こだわり」を随所に見せてくれる。

　南口は、開けいく掛川の街をイメージして、ファサードにはミラーガラスが埋め込まれ、太陽の光にまばゆく光り、掛川の未来を予感させる。広場にはケヤキ、クスノキなど大木が植えられ、春は新緑、夏は緑陰、秋は紅葉などの自然界の四季の移ろいを演出する。コンコースも広くとり、「これっしか処」が活気に満ちている。若い女性のブロンズ像も置かれている。

　北口は、歴史のある街をイメージして、ゆっくり、ゆったりする歩道は一部に木レンガを使用、駅舎は、全国にも珍しい木造である。新幹線駅舎は瓦と白壁風にして城下町のイメージを醸し出す。新幹線ホームから、北方を望めば目前に東海の名城「掛川城」が、遠くに南アルプス前衛の山々の稜線がクッキリと浮かぶ。沖縄に嫁いだ友は、このホームへ立つと「ふるさと掛川」へ帰ったことを実感するという。

　また、南北広場には共通して、モニュメントが威風堂々と存在感を示し、周りには緑が多く配置され、大木が植えられ、裸婦像や金次郎像などが置かれている。南側の東西300mのコンクリート擁壁には

山、川、波、坂、石、歌、時計など、故郷の自然をテーマにしたレリーフが彫り込まれている。木陰のベンチには憩う人の姿がある。
　ここは、利便性・機能性、合理性ばかりの駅では決してない。一列車遅らせてもここにいたい。ここに意義がある。掛川にしかない、ここにしかない、これしかないものがここにある。そんな生涯学習を標榜した駅が私は好きである。
　岡並木氏(37)が記述したとおり、「おしゃれな駅」を実感する。翻って、従来の日本の新幹線駅も駅名が違うだけで、どこの駅もコンクリートで立ち上げた無味乾燥な合理性を追求した駅であった。
　しかし、掛川駅は、オンリーワンを主張し続ける駅を目指した。付け加えるとしたら、駅執務室も小さいながら南北両方にちゃんとある。そんな駅がどこにあるだろう。主要駅も線路をまたぐ橋上駅がほとんどだ。橋上駅は執務室を一つにして人件費を節約する。「合理化の象徴である。私はそんな駅は嫌いだ」と榛村市長は口癖のようにいった。
　新幹線掛川駅も、而立を迎えた。もっともっと、文化性・芸術性・界隈性・都会性も備えた正真正銘の「おしゃれな駅」を目指して、私たちの夢と可能性を追求していかなければならないと思う。

＊

　1977年当時、榛村掛川市長が提唱したマイナス条件をプラス条件に「発想の転換」を試みて新幹線掛川駅や東名インターを設置してきたが、同手法が最近、伊豆市の例で新聞報道されているので紹介する。
　11月5日の「世界津波の日」を前に、山本順三・国土強靱化担当相は10月半ば、伊豆市で先進的な防災活動に取り組む方々を招いた座談会を大臣室で開き、若者の防災意識の向上などをテーマに意見交換した。伊豆市土肥地区住民の西川賀己さんは、「住民の反応は、伊豆市が静岡県の指定(44)を認める意向を示した当初は、せっかくの観

光地を『危険な地域』という色眼鏡で見られる懸念から指定に後ろ向きの住民が多かった。

　しかし、住民意見交換会などで議論を重ねていく中で、地区の若者に津波のリスクを正しく伝えることが大事だと住民の多くが理解した。指定をマイナスとして受け止めるのではなく、むしろ前向きに捉え、津波対策を強化して安心安全に暮らし、過ごせる魅力的な観光地としてアピールするプラス要素に変えていこうと発想を転換させた。

　若者の都市への流出に歯止めをかけるためにも若者が暮らし続ける魅力的なまちにしていきたい」と述べている。伊豆市土肥地区住民の野毛さんは、「発想の転換」の一番の決め手は、やっぱり対話。民と官が腹を割って正面から話し合うことで不安を解消できた」と住民対話の必要性を語っている（静岡新聞 2018・11・5）。

榛村元市長と著者　米国ポートランド日本総領事館で（2003.7.13）

◇著者略歴

中山 礼行（なかやま・ひろゆき）

1949 年	掛川市生まれ
1967 年	掛川西高卒業
1967 年	掛川市役所臨時雇（市長公室財政係）
1984 年	市長公室新幹線駅対策室
1994 年	都市政策室長
2002 年	企画人材課長
2003 年	放送大学教養学部入学（科目履修生）
2004 年	生涯教育部長
2005 年	掛川市総務部長（旧掛川市・旧大東町・旧大須賀町との新設合併）
2007 年	理事兼企画総務部長（掛川市・袋井市新病院建設協議会事務局長）
2009 年	定年退職
2009 年	企画総務部付参事
2010 年	任期終了退職
2010 年	（福）掛川社会福祉事業会理事兼法人事務局長
2016 年	（福）掛川社会福祉事業会退職
2017 年	放送大学教養学部（生活と福祉コース）卒業
2019 年	放送大学教養学部（社会と産業コース）卒業
現在	（福）掛川社会福祉事業会理事

静岡県日韓親善協会掛川支部長代理
放送大学教養学部（人間と文化コース）在学
掛川市ステンドグラス美術館ボランティア

榛村純一の掛川市政 28 年

2019 年 8 月 5 日　初版発行

＊

著者・発行者／中山礼行
発売元／静岡新聞社
　　　　〒 422-8033 静岡市駿河区登呂 3-1-1
　　　　　電話 054-284-1666
印刷・製本／藤原印刷

ISBN978-4-7838-9989-1 C0036